从神匠鲁班谈仿生学

刘枫　主编

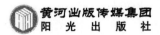

黄河出版传媒集团
阳光出版社

图书在版编目（CIP）数据

从神匠鲁班谈仿生学 / 刘枫主编 .—— 银川：阳光
出版社，2016.7（2022.05重印）
（站在巨人肩上）
ISBN 978-7-5525-2776-6

Ⅰ.①从… Ⅱ.①刘… Ⅲ.①鲁班－生平事
迹－青少年读物②仿生－青少年读物 Ⅳ.① K826.16-
49② Q811-49

中国版本图书馆 CIP 数据核字 (2016) 第 179090 号

站在巨人肩上　从神匠鲁班谈仿生学　　　　　刘枫　主编

责任编辑　金小燕
封面设计　瑞知堂文化
责任印制　岳建宁

黄河出版传媒集团
阳光出版社　出版发行

地　　址　宁夏银川市北京东路139号出版大厦 （750001）
网　　址　http://www.ygchbs.com
网上书店　http://shop129132959.taobao.com
电子信箱　yangguangchubanshe@163.com
邮购电话　0951-5047283
经　　销　全国新华书店
印刷装订　天津兴湘印务有限公司
印刷委托书号　（宁）0020177

开　　本　710 mm×1000 mm　1/16
印　　张　8.75
字　　数　140千字
版　　次　2016年7月第1版
印　　次　2022年5月第2次印刷
书　　号　ISBN 978-7-5525-2776-6
定　　价　35.80元

前　言

　　哲人培根说过:"读史使人睿智。"是的,历史蕴含着经验与真知。

　　科学的发展是一个漫长的过程,一代又一代的科学家曾为之不懈努力,这里面不仅有着艰辛的探索、曲折的经历和动人的故事,还有成功与失败、欢乐与悲伤,甚至还饱含着血和泪。其中蕴含的人文精神,堪称人类科技文明发展过程中最宝贵的财富。

　　本系列丛书共 30 本,每本以学科发展状况为主脉,穿插为此学科发展做出重大贡献的一些杰出科学家的动人事迹,旨在从文化角度阐述科学,突出其中的科学内核和人文理念,提升读者的科学素养。

　　为了使本系列丛书有一定的收藏性和视觉效果,书中还汇集了大量的珍贵图片,使昔日世界的重要场景尽呈读者眼前,向广大读者敬献一套图文并茂的科普读本。

　　由于编者水平有限,加之时间仓促,疏误之处在所难免,敬请广大读者批评指正。

编者

目　录

鲁班的自我介绍

之路。

几何学里没有王者

——欧几里德

名句箴言

自我介绍

我是春秋末期的鲁班,生于周敬王十三年(公元前 507 年),出生在一个世代工匠的家庭,从小就跟随家里人参加过许多土木建筑工程劳动,耳濡目染中逐渐掌握了生产劳动的技能,并积累了丰富的实践经验。

我是一位技艺工匠和建筑家,但经常被认作是一位机械师。虽然我受到的教育非常少,但我在工作中是通过估计、直觉、灵机或单纯的一般感觉来进行的，因此，我的技能是以工作经验和感觉为基础，而不是任何伟大的理论研究或思想。当然，这种良好的装配技能如木工技术，适合传授给后人。这些技巧可以学但不能用文字传递，因为手艺人能够展示所做的现象，不能用逻辑术语表达。我曾著作过一本《鲁班经》，或叫《鲁班指南》。这是一本为工匠和建筑者提供综合技术、风水、探测实用建议的技能指南。这本书公开了一系列实例来展示木结构的施工，木工中的锯工，各种房屋、桥梁和亭，局部的建筑。这里可以用众所周知的敦煌壁画中一个处于施工的亭作一比较。在这幅图画中有一座曾欲使其成为一个天文台的塔式建筑。在这之后的传记主要是大量涉及林木砍伐，支柱的架设，特有的单柱和双柱构架，粮仓的建造，以及钟塔式建筑、避暑房屋、家具、手推车、方平板链泵、活塞风箱、算盘和其他东西的制造。精密的规格和尺寸都是用经验知识所点缀的（这里的经验知识是关于吉日和不吉日，魔力咒符的图形和与之相应的祭品方面的知识。由于这本书魔术的成分超过技术本身很多，这样，最后使我们感觉到一个"特征"建筑物，是用驱除或带来运气的妖术和固定的保佑符咒来叙述的——编者注）。

我生活的时代是一个转变时期和出现一场技术革命的时期，当时机械工和工匠只凭眼前的感觉进行制造。技工们往往遭到那些受到教育的官员们的嘲笑,却不能用言词回答诽谤者提出的许多问题——仅能用双手来制作。学者们对机械发明有许多置疑,所以我和我的同行们就用手工制品带来的工匠地位的变化。

为了便于工作,我发明了很多木匠工具,例如:

刨。以前木匠仅用斧子和刀来弄平其建造用的木料,结果即使干得很好,也难以令人满意。后来我通过长时期的实践发现,自己使用的刀片越薄,所制造出来的表面越平,干起来也越容易。这样,这种刨逐渐地从工作的实践中加以演变,最初用较薄的斧刀片,后来用一个刀片固定到一块木头上再横穿以手柄,最后刀片固定到木槽中——这就是人们所熟悉的刨。我的妻子也是一位发明家,她给予了我很多启发。当我刨平木料时,她不得不站在木料的一端握住粗糙的厚板。由于她还要尽其他的义务,做这样的事是很不理想的,所以她为刨木工作台发明了一个木槽以抵住我刨木撞击的压力,

刨刀

使刨木成为可由一个人来干的工作（后人称由她发明的木槽被称为班妻——编者注）。

鲁班给"斧头"加块铁片，装上木座，制出世界上首把刨刀

墨斗。我发明的另外一个非常重要的工具是工匠用的墨斗（用于设定建筑工程），这项发明是受到母亲的启发。当时母亲正在剪裁和缝制衣服，我注视着这一切，见她是用一个小粉末袋和一根线先打印出所要的裁制的形状。我把这种做法转到一个墨斗中，通过一根线（用墨汁浸湿的线）捏住其两端放到即将制作的材料之上印出所需的线条。最初需由我和母亲握住线的两端。后来我的母亲建议他做一个小钩系在此线的一端，这样就把她从这种杂活中解脱出来，使之可由一个人来进行（为了纪念鲁班的母亲，工匠们至今仍称这种墨斗为班母——编者注）。

墨斗

尺子。我还有一发明是能正确画出直角的三角板,也被称为班尺,它能告知工匠哪些尺寸是不规则的,以及根据占卜的规则（风水）哪些是不吉的（这些尺子在今天的香港仍能买到——编者注）。

锯。一次我和工匠们遇到一个任务,要求我们砍伐大量的木材。一连砍伐几天,我们都已筋疲力尽,所用的斧头也钝了。这时,我忽被一片草叶割破了手指,我当即想:照这样子做成个工具砍伐木材定是个好办法。于是我选了一片竹子,用斧子在其边缘砍了一行牙齿。这个新锯很容易锯断树皮,当我来回横锯此树时,软的竹齿很快就磨光了。然而这却证明了锯可断木的原理。于是我放下手中活去铁匠那里,让他准备一块像斧头一样硬和锋利的铁板,然后弄成齿形。我有了这个人工制作的第一个锯片,将其用在一个木屋架上,便可准确而不费力地切割木材。

　　石磨。我曾经看到一位老妇人在使用捣锤和臼时费了很大力气,我反复考虑后,做了两块厚石头片切成圆柱,然后在其表面做上孔洞空心,一个放在另一个上面,将麦子和米置于其间,当上面的圆柱转动时,粉末(或面粉)便出来了伞。这项发明是归于我的妻子的。在我所处那个年代,雨天和炎热的夏天困扰着人们,人们不得不躲避到小亭子的下面而不能外出。我曾围绕着四邻建造了许多小亭子供大家使用,但仍然不能让人们在狂风暴雨的季节自由地外出活动。一天,我的妻子模仿我建亭子的样式,制成了一个重量轻的竹亭子且带油纸——这当然就是雨伞。妻子对我说:"你建造的房子不能搬起

鲁班石磨

移动,而我的伞,能带它到处走动并可以在各种季节里提供防护。"

　　除此之外,我还发明了栓、钻头、楔、辘轳以及铲等工具。

　　呵呵,讲到这里突然想起一些有趣的事情跟大家分享一

下。或许是因为我平时积善成德,对乡亲们做了点贡献,民间竟流传有许多关于我的故事。

钻头

鲁班铲子

鲁班将石料凿成圆盘,开出齿槽,在世界上最早发明了石磨

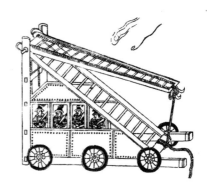

三角尺　　　　　　　　　云梯

　　"当时,楚惠王是个最有权的人,他准备与邻国宋国作战。他委托我设计火炮"登城云梯",用以攀登宋国首府的防御区。这时墨翟前来用聪明的言辞和诚心,试图劝阻惠王放弃其意图。惠王犹豫不决。为了说服他的论点,墨翟不得不作一次模拟的交战,反击我的器械,最后,以他第九次反击抵制了我。于是惠王终于同意放弃他的追求。有一位本领不高的建造者在设计一座喇嘛庙的屋顶时结构不成比例。工程进展中这个差错便暴露出来。面对着日益严重的工程差错,急得他只想自杀。他下决心这样做以后,便到工地食堂去进最后一餐,去后他发现做饭的厨师换了人,菜也做得不可口。当他抱怨这位厨师时,得到的唯一回答是:'加重盐'。这句话在他脑子里反复出现多次以后,这位建造者发出了一句音同而字不同的声音:'加重檐'。于是他的建造上的难题终于得到解决。同时也保住了自己的性命。"

　　还有一则传说更加具有神奇色彩。

　　"上梁的时候,人们按惯例是用带有福字的红布装饰横穿房子的主梁。这是由于一位砖工和工匠在建造一所新房子时,错量了主梁的尺寸,并发现他们所建造的梁比所要求的尺寸短了一英尺。正当他们发愁这个难题时,一位老工匠凑过来提供了一个解决办法。他说:'把梁砍成两半,我来为你们安装'。他们照着他的说法做了,于是老人登上梯子安装了此梁的每半个,在中间留出一个空当,并用一块印有福字的红绸填放其中。没有人能看出这根梁是分开的。工匠和砌砖的工人们看到这个新装法都很高兴,当他们转身向这个老人道谢时,老工匠已经不见了。"

　　当然,这些民间故事都是世人对我的抬爱。

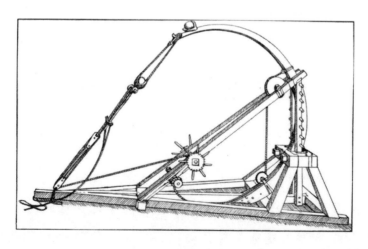

古代栓

春秋末年到战国初期生产力的大发展,为奴隶制的瓦解和封建社会的建立创造了条件。铁器的问世和使用,给农业和手工业提供了前所未有的高效率工具,大大提高了劳动生产率。这一时期频繁爆发的奴隶与平民的反抗斗争和起义,给奴隶主贵族以致命打击,奴隶主贵族的统治日趋没落,官府手工业独霸天下的局面终于被打破,出现了私营手工业和独立个体手工业;不少世代为奴的手工业奴隶因此获得了解放,有了游走各地、到处做工的自由和施展才华的机会。鲁班有可能就是生活在奴隶社会向封建社会转变的大变革时期而获得自由的奴隶工匠。鲁班,姓公输,名般。鲁班生于鲁定公三年(公元前507年),卒年不详。因为他是鲁国人,"般"与"班"同音,古时通用,所以后世称他为鲁班。

鲁班出生在一个世代以工匠为生的家庭。由于受家庭的影响和熏陶,使他从小就喜欢上机械制造、手工工艺、土木建筑等古代工匠所从事的活动。小时候他跟随家人参加许多土木建筑工程劳动,在劳动中,他虚心向有经验的老师傅和家人请教,学习他们的先进技术和经验,并悉

心观察他们在各项劳动中高超的操作技巧。长期的生产
实践和他本人不断地钻研,使鲁班逐渐掌握了古代工匠所
需要的多方面技能,积累了非常丰富的实践经验,成为当
时有名的能工巧匠。

公元前450年以后,鲁班从鲁国来到楚国,帮助楚国
制作兵器。他曾创制了威力较大的攻城器械云梯,并准备
以此来进攻宋国,他为此与当时的著名学者墨子发生了辩
论,两人展开了一场攻城与守城的演习,鲁班想尽各种办
法进行攻城,都被墨子一一化解。墨子主张制造实用的生
产工具,以造福老百姓,反对为战争制造武器。鲁班接受
了墨子的这种思想,于是便把精力投入到木工工具、机械
等各种实用技术上,埋头从事各种发明创造,留下了很多
美丽动人的传说和故事。

古代辘轳

鲁班发明锯的故事,千百年来就一直流传在民间。相传有一年,鲁班接到了一个巨大工程那就是建造一座宫殿。这座宫殿需要大量木料,鲁班就让

徒弟们上山砍伐树木。因为当时没有锯子,徒弟们只好用斧头砍伐,这样的效率使工匠们每天起早贪黑拼命干,累得筋疲力尽,也砍伐不了多少树木,远远不能达到工程的需要,使工程进度一拖再拖,眼看着工程期限越来越近,这可急坏了鲁班。为此,他决定亲自上山察看砍伐树木的情况。上山的时候,由于他不小心,无意中抓了一把山上长的一种野草,却一下子将手划破了。鲁班很奇怪,一根小草为什么这样锋利?于是他摘下了一片叶子来细心观察,发现叶子两边长着许多小细齿,用手轻轻一摸,这些小细齿非常锋利。他明白了,他的手就是被这些小细齿划破的。后来,鲁班又看到一条大蝗虫在一株草上啃吃叶子,两颗大板牙非常锋利,一开一合,很快就吃下一大片。这同样引起了鲁班的好奇心,他抓住一只蝗虫,仔细观察蝗虫牙齿的结构,发现蝗虫的两颗大板牙上同样排列着许多小细齿,蝗虫正是靠这些小细齿来咬断草叶的。这两件事给鲁班留下了极其深刻的印象,也使他受到很大启发,陷入了深深的思考。他想,如果把砍伐木头的工具做成锯齿状,不是同样会很锋利吗?砍伐树木也就容易多了。于是他就用大毛竹做成一条带有许多小锯齿的竹片,然后到小树上去做试验,结果果然不错,几下子就把树皮拉破了,再用力拉几下,小树干就划出一道深沟,鲁班非常高兴。但是由于竹片比较软,强度比较差,不能长久使用,拉了一会儿,就有小锯齿断了,有的变钝了,需要更换竹片。这样就影响了砍伐树木的速度,使用竹片太多也是一个很大的浪费。看来竹片不宜作为制作锯齿的材料,应该寻找一种强度、硬度都比较高的材料来代替它,这时鲁班想到了铁片。于是他们立即下山,请铁匠们帮助制作带有小锯齿的铁片,然后到山上继续实践。鲁班和徒弟各拉一端,在一棵树上拉了起来,只见他俩一来一往,不一会儿就把树锯断了,又快又省力,锯就这样发明了。

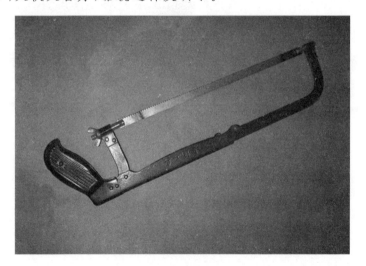

锯子

其实在现实生活当中,一定曾有不少人碰到手被野草划破的类似情况,为什么单单只有鲁班从中受到启发,发明了锯,这无疑值得我们深思。大部分人可能认为这是一件生活小事，不值得大惊小怪，他们往往在治好伤口以后就把这件事忘掉了。而鲁班却有比较强烈的好奇心和正确的想法，很注意对生活当中一些微小事件的观察、思考和钻研，从中找到解决问题的方法和思路，甚至获得某些创造性发明。这告诉我们一个道理，留意生活中许多不起眼的小事，勤于思考，会增长许多智慧。锯发明以后，鲁班又发明了许多木工工具，古书对此有很多记载。

由于经常与木头打交道，使鲁班在长期的木工实践中，发现了许多可以进行改进的技术问题。如怎样才能使木板既平整又光滑，在鲁班之前，这个问题并没有得到很好的解决，影响了木工技术的进一步提高，鲁班根据工作需要，经过反复多次试验，发明了刨子。有了这种工具，就可以把不平的木头刨平，把不光滑的木料刨光滑了，对提高手工技艺很有帮助。其他如钻(打孔的器具)、铲、凿子、墨斗(木工画线用的)和曲尺等，传说都是鲁班发明的。其中曲尺，后人称之为鲁班尺，是木工用来求直角的，直至今人仍为木工所使用。鲁班发明的这些木工工具在当时有很大影响，它使许多木工工匠从比较繁重的手工劳动中解放出来，并且成倍地提高了劳动生产率；同时也使木工工匠的技术水平有了很大提高，改变了以前许多工匠全凭手工和经验进行操作的落后局面，使木工技术的很多方面可以凭借比较简单的工具提高工艺水平和质量。鲁班在木工工具的发明创造上，得到家人各方面的支持和帮助，尤其是他的母亲和妻子对他的帮助更大。例如，鲁班在做木工活、用墨斗放线的时候，都是由他的母亲拉住墨线的一端，他自己拉住另一端，以便弹墨放线。这样每次放墨斗线都需要母亲帮忙，很不方便，鲁班也觉得有必要想出一个办法解决这个问题。后来经过他在生产实践中不断探索、反复试验，鲁班设计了一个小弯钩，拴在木头的一端，这样放线的时候就可以用这个小弯钩钩住木头的一端，以代替原来的手工操作，只需一个人就行了。从此以后，弹墨线就不用再让母亲帮忙。后来木工就把这个小弯钩称为"班母"，以纪念钱母对他的帮助。又如，刨木料时顶住木料的卡口，人们称之为"班妻"。据说这是因为鲁班以前刨木料时候，都是由他妻子扶着木料，后来他发明了卡口，才不用他妻子帮忙了。

史书记载磨也是鲁班一手发明的。自人类进入农业社会以后，去掉谷物壳皮和破碎豆麦已被人们视为一种烦琐吃力的劳动。为此广大劳动人民进行了长期探索，做出了不懈努力。相传在6000年以前人们就开始用石头将谷物压碎或者碾碎，4000多年以前，人们发明了一种称之为"杵臼"的碾米工具。这种工具由两部分组成，一部分称之为"杵",它是一个用木头或其他材料做的律枪;另一部分称之为"臼",它是在石头上凿出一个圆坑。操作时将米放在"臼"中,然后用"杵"捣。这种装置比起直接用石头来碾碎谷物已有很大进步,但仍然存在不少缺陷,如比较费时,每次只能杵少量谷物;比较费力,它全仗手工,时间一长难免腰酸背痛。因此人们迫切希望有一种简单的机械装置,以代替手工杵捣。鲁班出身于劳动人民家庭,非常了解老百姓的需要和疾苦,因此他决心解决这一难题。为此,他经常到人民日常生活的实践中去观察、思考,以找到解决问题的办法。后来在劳动人民智慧的启发下,经过他的刻苦努力,鲁班终于发明了一种更为简单实用的磨粉工具。他用两块比较坚硬、厚实的圆石凿上密布浅槽,合在一起,用人力或畜力使之转动,就能够把谷麦磨成粉末,这就是我国两千多年以来在广大农村地区广泛使用的石磨。石磨的出现是我国古代粮食加工工具的巨大进步,它将"杵臼"的上下运动改造成旋转运动,将"杵臼"的间歇工作变成连续工作,并且可以使用畜力等作为动力,这就大大减轻了劳动强度,提高了生产效率。从此,将谷物磨成粉就不再是一项非常繁重的劳动,而成为一项比较容易的日常简单操作,对于改善老百姓的生活,起到非常有益的促进作用。

鲁班的自我介绍

鲁班的发明不计其数,实打实地为我国的古老文化抹上了浓重的色彩。如鲁班曾对古代的锁进行了重大改进。锁起源于我国奴隶社会的周代,其形状像一条鱼,构造比较简单,安全性比较差,经过鲁班改进后,其形状、结构均有较大变化,锁的机关设在里面,外表不露痕迹,只有借助配好的钥匙才能打开,具有很强的安全性和实用性,能够代替人的看守。史书记载,鲁班曾用竹子做成一只木鸟,能够借助风力飞上高空,几天不落地,在当时引起很大震动。还有一种传说,说鲁班曾制成机动的木车马,这辆木车马由"木人"驾驶,装有各种机关,能够在路上自动行走,一直到汉代还在流传。后世不少能工巧匠,如三国时的机械发明家马钧、晋朝的区纯、北齐的灵昭、唐朝的马侍封、清朝的黄履庄等,都受到这个传说的影响,对木车马进行过研究、探讨。史书还记载,鲁班曾制作了一种称之为"机封"的装置,可以用机械的方法进行下葬,具有很高的技巧,人们对此很佩服,但由于当时盛行厚葬,这种方法未能得到实施。在兵器方面,钩和梯是春秋末期常用的兵器。史书记

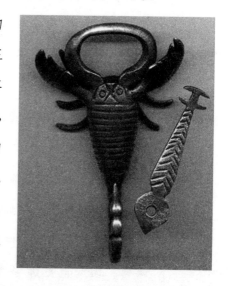

古代锁图

载,鲁班曾将钩改制成舟战用的"钩强",楚国军队曾用此兵器与越国军队进行水战,发挥了很大的作用,越船后退就可以钩住它,越船前进又可以进行阻挡,既能攻,又能守,颇具威力。鲁班还曾将梯改造成可以凌空而立

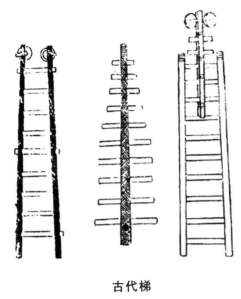

古代梯

的云梯,用以越过城墙攻占城池,非常有效。

  在雕刻和建筑方面,鲁班也有很多举世闻名的发明和贡献。鲁班曾在石头上刻制出九州图,这可能是我国最早的石刻地图。《列子·新论·知人篇》中记载了鲁班雕刻凤凰的故事,从中我们可以学到鲁班刻苦钻研、勇往直前的精神。传说有一次,鲁班雕刻一只凤凰,当他还没有雕成时,就有人看了讥笑道,你刻的凤凰一点都不像,脑袋不像脑袋,身体不像身体。鲁班听了非常生气,但并没有灰心丧气和停止工作,他决心用自己的实际行动回答他人的讽刺。因此他更加努力学习、刻苦钻研,经过他的不懈努力,最后终于将凤凰刻成。他刻出的凤凰栩栩如生、非常

鲁班制成了我国最早的立体石刻地图——九州图

逼真，赢得了众人的赞誉，那些曾经讥笑他的人也不得不佩服鲁班的高超技艺和刻苦精神。史书还记载，他曾制作了安装门环的底座，也深受人们的欢迎。鲁班的妻子也是一位出色的工匠，据史书记载，伞就是由她发明的。她看到鲁班和很多工匠成年累月在外给人盖房子，经常是风吹、雨淋、日晒，没有什么东西遮挡，很是辛苦。于是她决心帮助他们解决这一问题，经过她开动脑筋，反复试验，终于做成一把伞，让鲁班出门做工的时候带上，这样不论走到哪里，也不论是刮风下雨，都不会被雨淋了。

直至今天，伞仍然是人们日常生活中不可缺少的用具。

关于鲁班发明创造的故事和传说很多很多，千百年来一直在民间流传。这些传说和故事虽然不一定全部真实，却表达了人们对鲁班的敬仰和怀念，歌颂了中国古代工匠的聪明才智。鲁班被人们视为技艺高超的古代工匠的化身，成为我国劳动人民勤劳智慧的象征。

　　鲁班的很多发明中，都用到了仿生学，因此鲁班也成了我国最早的仿生师。

仿生学
的
起源
与
发展

名句箴言

人生就像弈棋，一步失误，全盘皆输，这是令人悲哀之事，而且人生还不如弈棋，不可能再来一局，也不能悔棋。

——弗洛伊德

仿生学的概念

仿生学是近年发展起来的生物学与技术学相结合的边缘学科。人们发现，一些关于植物和动物的相类似的功能，实际上是超越了人类自身的在此方面的技术设计方案的。植物和动物在自然进化当中不仅完全适应自然，而且其程度接近完美。仿生学就是在技术方面模仿动物和植物在自然中的功能。这个思想在生物学和技术之间架起了一座桥梁,并且对解决技术难题提供了帮助。通过再现生物学的原理,人类不仅找到了技术上的解决方案,而且该方案也完全适应了自然的需要。

仿生学的目的就是分析生物过程和结构以及它们的分析用于未来的设计。仿生学的思想是建立在自然进化和共同进化的基础上的。人类所从事的技术就是使得达到最优化和互相间的协调。而模拟生物适应的功能无疑是一个好机会。仿生在我们人类的技术世界中模拟自然中的东西并不是一个新鲜的思想,自从传说中的 Ikarus(依卡路斯)带着用鸟的羽毛做成的翅膀飞向空中起,人类一直就沉迷于此。

那么仿生学的确切定义是什么呢?仿生学是研究生物系统的结构和性质,以为工程技术提供新的设计思想及工作原理的科学。它涉及生物学、生物物理学、生物化学、物理学、控制论、工程学等学科领域。技术通过对各种生物系统所具有的功能原理和作用机理作为生物模型进行研究,最后实现新的技术设计并制造出更好的新型仪器、机械。

名句箴言

在你发怒的时候，要紧闭你的嘴，免得增加你的怒气。

——苏格拉底

仿生的发明史

在大约公元 1500 年，在鸟翅模型之后，仿生学之父，达·芬奇（Leonardo da Vinci，意大利文艺复兴时期的伟大画家、雕刻家和建筑学家）画了一系列的无法实现的飞行设备草图。大约 400 年之后，奥托（Otto Lilienthal）根据鹳的翅膀制造的滑翔机成功地飞行了 250 米，而且他也取得了"滑翔机之父"的称号。

奥托·李林塔尔

奥托·李林塔尔生于普鲁士距离波罗的海很近的一个叫奥克拉姆的小镇。和诸多伟大的科学家一样，儿童时代的李林塔尔就对自然界的一切充满了好奇和遐想，特别是对那些时而掠水低回、时而展翅高飞的海鸟更是心驰神往。他执拗地认为：鸟类能飞行，人也一定能飞起来。为了实现这个愿望，他和比他小一岁的弟弟古斯塔夫跑遍小镇寻觅羽毛，然后把它们粘贴在薄木板上，做成一副翅膀。他们专心致志地想模仿飞鸟飞起来。但是，一次、两次……都失败了。但李林塔尔并没有灰心，他暗暗发誓：我一定要飞起来！

青年时的李林塔尔从柏林技术学院毕业之后，曾自己设计制造一台发动机。因为这时的他已清楚地知道，单靠人本身的体力是不能维持长距离飞行的，将来的飞行器必然要依赖于机械动力。然而，当时李林塔尔所面临的难题并不是有无动力，而是飞行器的结构设计和如何稳定操纵。李林塔尔选择了进行滑翔实验飞行的这条道路。为了设计出最理想的飞行器，他把主要精力放在对鸟类飞行原理的研究上。他耗费数年时间和古斯塔夫一道悉心观察，仔细研究各种鸟类的翅膀结构和飞翔的方法,尤其是注意到翼面和升力之间的关系。为此,他们专门创造了一个公式,用来计算鸟类飞行、滞空以及滑翔时所付出体力的大小。在 7 年的时间里,他制造出 18 种不同型号的滑翔机,他操纵这些滑翔机从屋顶或山坡上一次又一次地跳下来。虽然总是一败涂地,但他却百折不回,从中积累了丰富的经验。

第一架能飞的滑翔机

1877 年,一架不必用机翼作拍翅飞行的滑翔机在他们的精心策划下制造出来了,一架有着像鸟一样略微拱起的机翼,并证明了这种机翼比扁平的机翼性能更优。1889 年,他潜心研究鸟类飞行已 20 余年,他将自己多年来的呕心沥血写成的一本名为《鸟类飞行——飞机驾驶技术的基础》一书,独有见地地将飞行和空气动力学联系起来。后来被认为是航空科学的基础著作。

1891 年,第一架能实际滑翔的滑翔机终于被李林塔尔兄弟制造出来了,它的外表颇像一只伸展双翼的大鸟,尾部也与鸟尾大同小异,高高翘起。它是用棉布、竹片和藤条制成。其显著的特点是两副翼面为弓形,是现代伞翼滑翔机的名副其实的鼻祖。李林塔尔身背着这架翼展5.5米的"大鸟"顺着山坡疾跑几步,随后一跃,借助风力,这架人类历史上第一架滑翔机终于飞了起来,记下了航空史上光辉的一页。随后几年,李林塔尔制造的滑翔机越来越好。1894年,他操纵滑翔机从50米高的山坡上滑翔而下,飞行了350米,最远一次达到1千米。李林塔尔的名字随着新闻报道不胫而走,传遍全球。李林塔尔并不满足于自己的成就,他在1891～1896年间进行了2000多次滑翔试验,三次改进总体布局,滑翔中又拍了许多照片,积累了大量数据,并以此编制了《空气压力数据表》,给美、英、法等国的飞机制造者们提供了宝贵的资料。1894年,李林塔尔从柏林附近的悬崖上起飞,成功地滑翔了350米(1150英尺)远,这在当时是一个惊人的成绩。

成功总是要付出巨大代价的。1896年4月9日,李林塔尔驾驶他的滑翔机从德国斯图伦附近的山坡上起飞后,恰遇一股强劲的风,他一下腾空很高,李林塔尔非常兴奋,然而他却全然不知由于上升迎角太大,滑翔机已达失速的边缘。正当他试图尝试一种新的控制方法时,滑翔机突然失速,一头栽向地面,滑翔机摔毁了,李林塔尔也受了致命的重伤(脊椎断裂),在送往医院的途中死亡。在弥留之际,对他弟弟古斯塔夫说:"总是要有人牺牲的……。"德国人为了纪念他的功绩,为李林塔尔树立了一座纪念碑,上面写着"最伟大的老师"。

在发明飞行交通工具中,在莱特兄弟之前,李林塔尔的名字是最伟大的。他的工作直接导致了飞机的发明人莱特兄弟的成就。他的著作被详细地翻译出来供他人利用,而且使人们能够看到,即使没有发动机,只利用风力和重力,也能够进行成功的飞行。

莱特兄弟

直到 20 世纪中期,有许多研究者都在不断尝试把自然界的形态和规则用于技术上。但是,仅仅在 60 年代初一种科学的综合分类学科才由它产生。

20 世纪 70 年代,德国波恩大学的科研人员发现纯粹的自清洁效应,也被叫作"莲花效应"。他们把一批多样的植物叶片放在一个特殊的环境下时,开始并没有什么特殊的发现。这些科学家就围绕着这样一个问题开始研究:能否根据叶子表面纹理的不同来检测这组植物中扭曲的茎。

进行植物学例行任务,就是在每一个研究之前,观察某些植物时先要把植物清洗干净,这是研究者们首当其冲要做的。但是很快生物学家就发现一个非常荒谬而奇怪的现象:就是只有那些表面很光滑的叶子才需要清洗,而其他的那些表面上看起来很粗糙的叶子反而是干净的。对他们来说更值得注意的是:某些特殊的叶子甚至可以完全抵制水。在那

荷叶效应自洁涂料具有不沾水、耐沾污及优异防水功能,适用于内墙高档装饰、厨房及对洁净有特殊要求,但又易被玷污的场合使用

荷叶和荷叶效应乳胶漆的结构比较Ⅰ

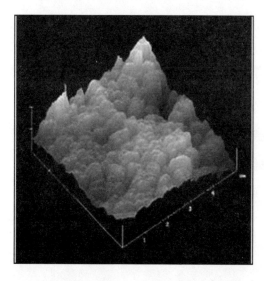

荷叶和荷叶效应乳胶漆的结构比较Ⅱ

时,很清楚的是自清洁效果是和可润湿性相联系的。这种效果特别明显地表现在莲属坚果莲中:从下看发现果子上有小的茸毛和小的蜡质覆盖在叶子上,水滴下来就像从热的炉盘上滴下来一样。研究者解释说:在光滑表面,水会在污垢上蔓延。在粗糙表面,水滴粘不牢,形成球状,在可以到达的污垢粒子上滚动并且带着污垢粒子滚动。

1977年,科学家们在一段短的旁注中描述了这种现象。看起来这段旁注是很琐碎的,只是为了引起更多的注意。1989 年,科学家们重新注意到了这个旧的发现并详细地研究了这个现象。他们不仅成功地破译了"莲花效应"对生物学的意义,而且同时把它的不被脏物污染的原理应用于人造表面。

1996 年,德国波恩大学的科研人员又用一个带有新衣料的白盘子实现了他们的程序,同时注册了专利。他们在一个白盘子上撒上煤灰和颜料的混合物并且滴上一些水,很快,这个盘子就干净了。作为对比,一个擦得特别亮的清漆膜也撒上煤灰盒颜料的混合物,但是即使在长时间的漂洗之后,煤灰仍然存在,而且还有另一个脏的灰尘,对清漆膜来说,只用水是不能清洗干净的。

莲花效应的历史,从它的发现到应用,典型的来自于一个研究规则"技术学习自然"。

在目前对仿生学的理解大体认为是建立在"各种技术手段转化,建筑使用,规划步骤以及生物系统的设计哲学"的基础上。在几百万年的优化中接近完美的自然发明是化学家、机械师和建筑师所期望的研究对象。

如烟往事俱忘却，心底无私天地宽。

——陶 铸

名句箴言

仿生学的意义与发展

从古到今,色彩斑斓的大自然强烈地吸引着人们的探索欲望,它一直是人类产生各种技术思想和发明创造灵感的不竭源泉。人的创造欲是科技创新的根本动力,自然和社会是我们认知和创新服务的对象,也是我们学习得最好的老师。科学的目的在于求知与求真。科学研究的动力与源泉来自人们对自然和社会的现象与规律的求知欲与好奇心;

来自人们对已有知识体系和新发现的现象与规律之间矛盾或差异的求索;来自技术和社会进步提供的新方法、新工具,开辟的新领域,提出的新问题。

技术的目的在于满足市场的需求和竞争。技术创新的动力与源泉来自人们实践经验的累积与创造的欲望;来自科学发现引发的技术创新,创造的新工艺、新方法、新产品、新体系;来自对自然界生物结构、功能、行为以及相互作用的学习与模仿;来自于需求与市场竞争的推动。

科学与技术两者性质与目标固然不同,但它们仍有共同和相关之处,即都源于人的创新欲望,都源于对自然和社会的认知和学习。科学与技术互为条件,互相促进,都受到社会需求、社会环境、社会文化的制约和推动。

回顾科学技术发展的历史,我们不难发现,影响人类文明进程的许多重大发明都源于仿生思维。例如:渔网的发明可能源于古人对蜘蛛织网的模仿;飞机的翼型是模仿鸟类翅膀的剖面;喷气推进原理是模仿墨鱼的运动

蜘蛛网窗户

原理;雷达的发明源于对蝙蝠超声定位的模仿;红外搜寻、红外成像的发明源于对响尾蛇红外感知的模仿;冯·诺伊曼的计算机结构实际上是模仿人的运算行为等等。

虽然仿生学的历史可以追溯到许多世纪以前,但通常认为,1960 年全美召开的第一届仿生学讨论会是仿生学诞生的标志。仿生学是将通过观察、分析、研究掌握的自然界生物所具有的各种各样的特殊本领模拟、移植到各个工程技术领域中去,为促进人类社会进步发展所用。仿生学需要生命科学、物质科学、信息科学、脑与认知科学、工程技术、数学与力学以及系统科学等许多学科的交叉,是一门很难划清边界的大学科。

仿生学的应用也极为广泛,可涉及所有的技术领域和大多数应用领域。

大约 35 亿年的生命演化与协同进化过程优化了生物体宏观与微观结构,形态与功能;优化了能量与物质转化、代谢、利用体系;优化了运动方式与行为;优化了遗传、复制、发育、调控、组装的过程和机制;优化了修复、代偿、免疫机制;优化了脑与神经的结构与功能;优化了感觉器官,信息传递、处理和行为调控能力;优化了适应环境的生存能力;优化了与其他生物相互依存的能力;优化了与其他生物协同进化的能力。

仿生学的意义在于:将生物 35 亿年进化的结果作为发

明的参考;将35亿年演化形成的生物多样性作为技术方案选择的宝库;将35亿年演化形成的生态协调体系作为发展生态环境协调、可持续发展技术的宝贵教材;将35亿年演化形成的生命遗传、发育体系作为自复制、自补偿、自组装、自生长、自适应、自调控技术的天然蓝本;将35亿年演化形成的免疫、抗逆、代谢、抗毒、解毒机制作为免疫、医药、治疗、抗逆技术的科学依据;将35亿年演化形成的脑与神经系统结构与功能作为认知研究和智能机器的最好示范;将35亿年演化形成的生命现象中的精妙和多样的微结构和微系统作为微、纳米结构和微系统技术的极好参照;将35亿年形成的生物高效、可再生能量存储、转化、利用体系作为优化人类可再生能源与物质利用技术的参照;将35亿年形成的生物在复杂环境中感知、判断、捕食、伪装、规避能力和适应机制作为传感、判断、控制、隐身、环境适应等技术的最好学习对象;将35亿年演化形成的简约、优美、复杂、多样化的结构、形态,运动和变化作为外形优美、简洁描述的最好对象。

远古时代,人类的祖先模仿蜘蛛编网捕鱼;受果实和瓢虫滚动的启发发明轮子……工业时代,人们模仿植物和动物结构,创造新的建筑结构;模仿鸟的飞翔发明飞机,模仿人与动物发明机器人;模仿海豚发明潜艇等等。信息时代,模仿人的运算发明计算机,模仿生物的信息传感等等。在当今的知识时代,人们开始模仿生命的微观结构与功能、遗传与发展;模仿人脑的认知;模仿生命的协同进化等等。仿生学的前沿随着科技与经济的发展而发展,仿生学前沿无止境!

随着分子生物学和系统生物学的进展,以及纳米技术和纳米技术发展的推动,仿生学向微纳结构和微纳系统仿生学方向发展;随着信息技术向网络和智能化方向发展,以及神经发育生物学的进展向智能与认知仿生学,以及可持续经济仿生学、管理仿生学等方向发展;随着人们对生态环境关心得日益迫切,将引发过程仿生学、能源仿生学等发展;随着对基因组,蛋白质结构,脑与神经结构与功能的认知,可能会推动以解读生命信息为目的的计算仿生学的发展。

社会仿生学

路是脚踏出来的，历史是人写出来的。人的每一步行动都在书写自己的历史。

——吉鸿昌

名句箴言

人类发明创造中的仿生学

在自然界中，昆虫虽然体积小，但它种类和数量繁多，占现存动物的 75% 以上，遍布天涯各个角落。它们有不同的生存绝技，有些技能连人类也叹为观止。人类对自然资源的利用范围越来越广泛，特别是仿生学方面的任何成就，都来自生物的某种特性。

一、化蝶

蝴蝶的世界缤纷多彩,如重月纹凤蝶、褐脉金斑蝶等,尤其是荧光翼凤蝶,其后翅在阳光下时而金黄,时而翠绿,有时还由紫变蓝。科学家通过对蝴蝶色彩的研究,为军事防御带来了极大的裨益。在二战期间,德军包围了列宁格勒,企图用轰炸机摧毁其军事目标和其他防御设施。前苏联昆虫学家施万维奇根据当时人们对伪装缺乏认识的情况,提出利用蝴蝶的色彩在花丛中不易被发现的道理,在军事设施上覆盖蝴蝶花纹般的伪装。因此,尽管德军费尽心机,但列宁格勒的军事基地仍安然无恙,为赢得最后的胜利奠定了坚实的基础。根据同样的原理,后来人们还生产出了迷彩服,大大减少了战斗中的伤亡。

人造卫星在太空中由于位置的不断变化可引起温度骤然变化,有时温差可高达 200℃～300℃,严重影响许多仪器的正常工作。科学家们受蝴蝶身上的鳞片会随阳光的照射方向自动变换角度而调节体温的启发,将人造卫星的控温系统制成了叶片正反两面辐射、散热能力相差很大的百叶窗样式,在每扇窗的转动位置安装有对温度敏感的金属丝,随温度变化可调节窗的开合,从而保持了人造卫星内部温度的恒定,解决了航天事业中的一大难题。

二、拟虫

屁步甲炮虫自卫时,可喷射出具有恶臭的高温液体"炮弹",以迷惑、刺激和惊吓敌害。科学家将其解剖后发现甲虫体内有 3 个小室,分别储有二元酚溶液、双氧水和生物酶。二元酚和双氧水流到第三小室与生物酶混合发生化学反应,瞬间就成为 100℃的毒液,并迅速射出。这种原理目前已应用于军事技术中。二战期间,德国纳粹为了战争的需要,据此机理制造出了一种功率极大且性能安全可靠的新型发动机,安装在飞航式导弹上,使之飞行速度加快,安全稳定,命中率提高,英国伦敦在受其轰炸时损失惨重。美国军事专家受甲虫喷射原理的启发研制出了先进的二元化武器。这种武器将两种或多种能产生毒剂的化学物质分装在两个隔开的容器中,炮弹发射后隔膜破裂,两种毒剂中间体在弹体飞行的 8~10 秒内混合并发生反应,在达到目标的瞬间生成致命的毒剂以杀伤敌人。它们易于生产、储存、运输,安全且不易失效。萤火虫可将化学能直接转变成光能,且转化效率达 100%,而普通电灯的发光效率只有 6%。人们模仿萤火虫的发光原理制成的冷光源可将发光效率提高十几倍,大大节约了能量。另外,根据甲虫的视动反应机制研制成功的空对地速度计已成功地应用于航空事业中。

三、仿蜓

蜻蜓通过翅膀振动可产生不同于周围大气的局部不稳定气流,并利用气流产生的涡流来使自己上升。蜻蜓能在很小的推力下翱翔,不但可向前飞行,还能向后和左右两侧飞行,其向前飞行速度可达 72 千米/时。此外,蜻蜓的飞行行为简单,仅靠两对翅膀不停地拍打。科学家据此结构基础成功研制了直升飞机。飞机在高速飞行时,常会引起剧烈振动,甚至有时会折断机翼而引起飞机失事。蜻蜓依靠加重的翅痣在高速飞行时安然无恙,于是人们仿效蜻蜓在飞机的两翼加上了平衡重锤,解决了因高速飞行而引起振动这个令人棘手的问题。

为了研究滑翔飞行和碰撞的空气动力学以及其飞行的效率,一个四叶驱动,用远程水平仪控制的机动机翼(翅膀)模型被研制,并第一次在风洞内测试了各项飞行参数。

第二个模型试图安装一个以更快频率飞行的翅膀,达到每秒 18 次震动的速度。有特色的是,这个模型采用了可变可调节前后两对机翼之间相差的装置。

研究的中心和长远目标,是要研究使用"翅膀"驱动的飞机表现,以及与传统的螺旋推动器驱动的飞机效率的比较等等。

四、似蝇

家蝇的特别之处在于它的快速的飞行技术,这使得它很难被人类抓住。即使在它的后面也很难接近它。它设想到了每一种情况,非常小心,并能快速移动。那么,它是怎么做到的呢?

昆虫学家研究发现,苍蝇的后翅退化成一对平衡棒。当它飞行时,平衡棒以一定的频率进行机械振动,可以调节翅膀的运动方向,是保持苍蝇身体平衡的导航仪。科学家据此原理研制成一代新型导航仪——振动陀螺仪,大大改进了飞机的飞行性能,可使飞机自动停止危险的滚翻飞行,在机体强烈倾斜时还能自动恢复平衡,即使是飞机在最复杂的急转弯时也万无一失。苍蝇的复眼包含 4000 个可独立成像的单眼,能看清几乎 360°范围内的物体。在蝇眼的启示下,人们制成了由 1329 块小透镜组成的一次可拍 1329 张高分辨率照片的蝇眼照相机,在军事、医学、航空、航天上被广泛应用。苍蝇的嗅觉特别灵敏并能对数十种气味进行快速分析且可立即作出反应。科学家根据苍蝇嗅觉器官的结构,把各种化学反应转变成电脉冲的方式,制成了十分灵敏的小型气体分析仪,目前已广泛应用于宇宙飞船、潜艇和矿井等场所来检测气体成分,使科研、生产的安全系数更为准确、可靠。

五、像蜂

蜂巢由一个个排列整齐的六棱柱形小蜂房组成,每个小蜂房的底部由 3 个相同的菱形组成,这些结构与近代数学家精确计算出来的——菱形钝角 109°28′,锐角 70°32′完全相同,是最节省材料的结构,且容量大、极坚固,令许多专家赞叹不止。人们仿其构造用各种材料制成蜂巢式夹层结构板,强度大、重量轻、不易传导声和热,是建筑及制造航天飞机、宇宙飞船、人造卫星等的理想材料。蜜蜂复眼的每个单眼中相邻地排列着对偏振光方向十分敏感的偏振片,可利用太阳准确定位。科学家据此原理研制成功了偏振光导航仪,早已广泛用于航海事业中。

六、展望未来

昆虫在亿万年的进化过程中,随着环境的变迁而逐渐进化,每个阶段都在不同程度地发展着各自的生存本领。随着社会的发展,人们对昆虫的各种生命活动掌握得越来越多,越来越意识到昆虫对人类的重要性,再加上信息技术特别是计算机新一代生物电子技术在昆虫学上的应用,模拟昆虫的感应能力而研制的检测物质种类和浓度的生物传感器,参照昆虫神经结构开发的能够模仿大脑活动的计算机等等一系列的生物技术工程,将会由科学家的设想变为现实,并进入各个领域,昆虫将会为人类做出更大的贡献。

我们活着不能与草木同腐，不能醉生梦死，枉度人生，要有所做为！

——方志敏

名句箴言

生活中的仿生

一、在空地上种上草的仿生学启示

一位建筑师设计建造了一座现代化的办公大楼。这是建设在一大片空地上交相呼应的漂亮的大楼，建筑师超人的设计才能得到了淋漓尽致的体现。大楼轮廓初具的时候，看到的人都已经赞不绝口了。

工程快结束时,工人们问他:"三幢大楼之间的人行道如何铺设?"

建筑师想了想说道:"在大楼之间的空地上全种上草。"

大楼主人和工人们都不明白这是什么意思,但这是著名的建筑师的话,他们又不好反对,于是就在这空地上全种上了草。

这个夏天过后,在三幢大楼之间,和三幢大楼通往外面的草地上,已经被来来往往的行人踩出了若干条小路。这些小路有些因为走的人多,就宽些,有些因为走的人少,就窄一些,但他们蜿蜒伸展,错落有致,就像是几条树林间的小道。

到了秋天,建筑师又带着工人们来了,他让工人沿着人们踩出的路痕铺就了大楼之间和通向外面的人行道。然后在道路两旁种上了树木和花草。

每一个走在这些道路上的人都说这几条路,是比大楼更伟大的杰作,想必你也有同感吧!

二、仿生与文身

在我国古籍中有对包括西双版纳各民族在内的"百夷"的"文身"的记载,其历史久远是从汉代开始的。在西双版纳各民族中,主要是傣族、布朗族的男子有文身的习俗。他们在腿、胸、背臂等处,用针刺各种纹饰,涂以蓝靛或胆汁等成青色而终生不褪,这是一件很痛苦的事。据近代《车里》一书的归纳,文身的图案大体分为四类:一是动物类,有象、虎、豹、龙、马、鹿、猴等;第二类是图案,有云纹、方形、圆形、花卉等;三是文字类,有傣文佛咒和成句佛经;四是其他类,有曲线、直线、几何图形等。

文身图案

关于为何文身,不仅学者们各持己见,就是文身者也说法不一。其实文身作为一种习俗,它有一个发展、演变的历史过程。在唐以前,汉文古籍就说越人"敬巫鬼""畏鬼神"。包括傣族在内的各民族的文身来源于越人的"断发文身",其最早的原因正如《淮南子》一书所说的,这里"陆事寡而水事众,于是人们就披发文身,以像鳞虫",即"炎蛟龙之状,以入水,蛟龙不伤也",这就是一种朴素的仿生,以求与自然和谐相处

的原始状态。傣族传说中的一位男青年得到龙女的帮助,在

身上刺了很多鳞状的花纹，入水时，水向两边分开，水怪也不伤害，这就把文身作为一种避邪和巫术。

在唐宋以后的一些古籍中，把文身的蛮夷分为"绣脚蛮""绣面蛮"和"雕题蛮"数种。明时《百夷传》云："不黥足者，则众皆呙之，曰妇人也，非百夷种类也"。说明其时已进入父系氏社会，文身即是男女之别，又是民族之异。在文身图案中的傣文、佛碣是佛教传入和有了文字以后的发展。傣族传说是佛祖为使小和尚专心听经，以修正果而画上的花纹。这也许是为了展示男人在佛寺接受的教育，已由"生人"变成了有知识的"熟人"吧！至于一些学者和文身者所说的，文身是为了赢得女伴爱情，也许不无道理。

作为一种文化现象的文身，追根溯源应是他们信鬼神的先民对某些活动如上山打猎、下河捕鱼，对有害动物或想象中的"怪物"的恐惧。后来，尚巫咒的先民认为龙虽恶、虎虽毒，他们也不会伤其幼儿，身上有了鱼鳞状和猛兽图案以及后来的佛碣，既可把自己当成"龙儿""虎儿"又可求得神、佛的庇佑。文身就是古代人们为了适应特殊环境，以求与自然和谐相处的朴素心态和所采取的谋略。

三、动物开启的十三条思路

1.蚌的肚量

当沙粒进入或将沙粒置入蚌壳内,蚌会觉得极不舒服,但又无法排除沙粒。此时蚌没有怨天尤人,没有悲观,而是逐步用体内营养将沙粒包围起来,使之成为乳白色或略带黄色、有光泽的圆形颗粒,即珍珠。珍珠不仅成为蚌体内和谐的一部分,而且将其取出还可作为装饰品。

蚌的肚量

蚌设法适应、利用自己无法改变的环境,人也应以"蚌的肚量"去包容一切不如意、不高兴的事,使之为我而变,为我所用。

2.懒蚂蚁效应

在成群的蚂蚁中,大部分蚂蚁是很勤快的,寻找、搬运食物争先恐后,少数蚂蚁却东张西望不干活。当食物来源断绝或蚁窝破坏时,那些勤快的蚂蚁一筹莫展。"懒蚂蚁"则"挺身而出"，带领众伙伴向它早已侦察到的新的食物源转移。著名经济学家、北京大学教授郑学益在阐述市场营销理念时用上述现象作类比：相对而言，在蚁群中"懒蚂蚁"更重要，在企业中注意观察市场、研究市场、分析市场、把握市场的人更重要，这就是所谓"懒蚂蚁效应"。

3.鳄鱼精神

"鳄鱼的眼泪"通常被人们常比喻假慈悲，其实鳄鱼流的不是泪，而是帮助肾脏工作的盐腺排放的多余盐溶液。有人从另一角度，取鳄鱼只知前进不知后退的特性，褒扬勇往直前的"鳄鱼精神"。著名科学家卢瑟福在困难面前百折不挠，被誉为"鳄鱼"，英国门德实验室门

具有鳄鱼精神的科学家卢瑟福

口有三座雕像：一是门德本人，二是物理学家罗索夫，三是一条鳄鱼。

4.快鱼法则

"大鱼吃小鱼"的市场竞争法则大家耳熟能详，可是在信息社会竞争中有时不论大小而论快慢，"快鱼吃慢鱼"的事时有发生。有人曾形容说，美国人第一天宣布某项新发明，第

二天投入生产,第三天日本人就把该项发明的产品投入了市场。加拿大将枫叶旗定为国旗的决议在议会通过的第三天,日本厂商赶制的枫叶小国旗及带有枫叶标志的玩具就出现在加拿大市场,行销火暴。作为"近水楼台"的加拿大厂商则坐失良机。人们把市场竞争中这种"不快即死"的现象称为"快鱼法则"。

5. 鲨鱼方式

水中霸王——鲨鱼

一般的鱼有储气的鳔,便于上浮与下沉。在水中游动自如,鲨鱼无鳔,只有不停地游动才能避免下沉。鲨鱼少一个生存条件,却成为"水中霸王"。一般的鱼多一个生存条件,命运却不见得怎样好,有时还被鲨鱼吃掉。有的人条件欠缺,但不畏强手,奋力拼搏,创造生存条件,结果变劣势为优势,出奇制胜,成为强者,人们将这种生存方式称为"鲨鱼方式"。

6. 鸟式就业

在国外,在市场经济条件发达的国家,人们就业方式的变化之一,就像鸟儿觅食一样,随处"着陆",如春夏时上门推销防晒霜、饮料,安装空调,秋冬时到火锅店、浴室谋职,季节性的临日工、计时的钟点工等新工种不断出现,这就是所谓"鸟式就业"。美国人一生平均职业流动达 17 次,随着产业结构调整和就业形势变化,国人职业流动次数也会不断增加。

7.苍蝇突围

美国威克教授做过这样一个实验:拿一只敞口玻璃瓶,瓶底朝光亮一方,放进一只蜜蜂,蜜蜂反复朝光亮一方飞,屡次碰壁,最后只好绝望地等死。然后放进一只苍蝇,苍蝇朝光亮的一方突围失败,又朝各种不同方向尝试,结果从瓶口溜走。"苍蝇突围"的方式值得借鉴。自古成功在尝试,成功的人也就是比别人犯的错误更多、遭受的失败更多的人。

8.鲸吞牛食法

读书也是有技巧可言的。在诸多方法中除了同类比较法、带题求解法、文理交替法、提要钩玄法等之外,还有一种鲸吞牛食法。对相对价值较低的书,可用鲸吞式的泛读快读,得其梗概;对相对价值较高的书,要慢读精读,含英咀华。

9.山鹰翅膀

当今时代是属于信息时代,日本人十分重视信息的获取,他们认为知识能力是鸵鸟的腿,要一步一步地挪动;信息情报意识是山鹰翅膀,瞬间使你进入一个新天地。日本人扇动"山鹰翅膀",通过信息的搜集、贮存、利用,常常用比别国短得多的时间走完同样的路程。

山鹰翅膀

10.蚤跳蚁举

跳蚤被誉为动物中的"跳高冠军",其跳跃高度为其体长的 500 倍,且实验证明,跳蚤每小时跳 300 次,可连跳 3 天 3 夜。究其奥秘,是其腿肌弹力特别强。蚂蚁是动物中的"举重冠军",能举起超过其体重 10 倍的东西。运动仿生学家根据这两种动物的特点研究跳高、举重运动员如何提高成绩,大获裨益。

11.田鼠精神

田鼠在恶劣环境中的生存法则值得我们学习,它为了觅食,常常处于强敌包围之中,一旦失去活力便意味着死亡。为了求生存,它们充分利用自己的智慧、潜能。日本经济联合会会长,被誉为"日本经济成就的象征"的经济巨头士光敏夫大力提倡"田鼠精神"。他发现有的人在顺利时显得很神气,对什么都应付得很

坚强勇敢的田鼠

漂亮,一旦遇到不利形势、恶劣环境就不行了,因为他们缺乏向困难挑战的气概和生存能力。土光敏夫把这种潜能未得以充分发挥的职工称为"纯种马",要求他们学习"田鼠精神"。

12.豪猪距离

人际关系一直被人们认为是最难处理的,那让我们学学豪猪吧!豪猪冬天为了暖和而互相靠拢时,总是保持一定的距离,因为它们身上有刺,挨得太近,身上刺得痛;挨得太远,又冻得难受。人际关系中有时也需要保持一定距离,艺术创作中更有"距离产生美"的规律,人们用"豪猪距离"来类比之。

豪猪

13.野马结局

小时候,父母给我讲了一则这样的故事:非洲草原上有一种吸血蝙蝠,常叮在野马的腿上吸血,不管野马怎样暴怒、狂奔,就是拿这个"小家伙"没办法,不少野马被活活折磨致死。科学家发现吸血蝙蝠所吸的血量极少,远不足以使野马死去,野马的死因是暴怒和狂奔。故事让我懂得,有的人因芝麻小事而大动肝火,暴跳如雷,以致因别人的过失而伤害自己,自食苦果,可谓之"野马结局"。

名句箴言

凡事只要看得淡些，就没有什么可忧虑的了；只要不因愤怒而夸大事态，就没有什么事情值得生气的了。

——屠格涅夫

二 社会科研中的仿生

○○四年岁末，美丽的印度洋横施淫威，引发了一次世所罕见的海啸，几十米高的巨浪以排山倒海之势，疯狂而凶狠地扑向海岛、扑向大陆。肆虐之地，一片狼藉。海啸的巨大威力，触发了很多军事学家的"另类"思维：未来战争中，能否仿造海啸制造武器？

这并不是没有可能的事情。美国空军的一份秘密研究报告透露，美军正密谋研制天气武器,呼风唤雨,将天气变化产生的雨水、冰雹、冰雪作为空袭"杀手锏",赢得"无伤亡"战争的胜利。

海啸袭击

变天气为武器,让"雷公""电母"下凡参战,只是仿生学应用于军事的一个尝试。事实上,大自然经数十亿年的进化,已形成了最优化的形态结构、最有效的物质代谢和再循环系统、最精确地控制和协调过程,因此,"师从自然",正日益成为科技创新和发展高新技术产业的准则。仿生科研和仿生产业,在提高国家综合竞争力的天平上,砝码越来越重。

一、仿生科研造福生活

1.莲叶效应——自洁涂料

"出淤泥而不染",是人们对莲花的赞美。它为何能保持高洁呢?谜底是由德国波恩大学科研人员揭开的。以往在例行任务时,在显微镜下观察植物叶片结构,总要先把叶片洗干净。有一天,他们突然发现:表面光滑的叶片反而需要清洗,粗糙的叶片却是干净的,而莲花叶子甚至可以完全不沾水。经仔细观察发现,莲叶面上有许多非常微小的茸毛和蜡质凸起物,雨水落在上面,铺不开、渗不进,只化作粒粒水珠滚落下来,顺道儿带走

仿生学在建筑涂料应用—莲叶效应乳胶漆

了荷叶表面的灰尘,从而使叶面始终一尘不染。

灵光一闪。科研人员模仿莲叶的自净原理,开展防污产品的研究。美国已经开始研究如何将这种自净原理用于汽车制造,使驾车族不必再日日洗车。可喜的是,上海也已研制出具有自洁效应的纳米涂料,其干燥成膜过程中,涂层表面会形成类似荷叶的凹凸形貌,构筑一层疏水层。这样一来,灰尘颗粒只好在涂层表面"悬空而立",并最终在风雨冲刷下"纵身跃下"。上海和田路小学教学大楼外墙已率先采用这种纳米涂料,10 年无需清洗也能光洁如新。

据上海纳米中心高级工程师闵国全介绍,除纳米涂料外,上海还研制成功纳米瓷砖、纳米服装等,2014年,纳米自净防污产品创造的效益达1亿元。

2.雌蛾求爱——防治害虫

昆虫学家对昆虫是怎样寻找配偶的怀有浓厚的兴趣。

雌蛾求爱

他们做了这样一个实验:把雌蛾关在一个小铁丝笼里,置于农田中,晚上就有许多雄蛾飞来围着小笼盘旋。昆虫学家再把雌蛾研碎,将残体涂抹在纸片上,但雄蛾依然不改痴心。最后,昆虫学家发现,在寂静的夜晚,雌蛾会抬起腹部,伸出腹部的腺体,释放求爱气味,而随意飞行的雄蛾则摆动着头部的触角,一旦嗅到雌蛾的求爱气味,就循味飞来。

我国科学家破译了雌蛾的这种化学语言后,研制出"仿生诱芯",即人工合成这种化学气味,然后将其加入一种硅橡皮塞中,置于诱捕器中,使其缓缓释放,引诱大量的雄蛾自投罗网,既杀虫,又可根据诱捕量预测害虫的发生期。迄今为止,我国科学家已研制成功60多种"仿生诱芯",对我国主要农林害虫的测报和防治起了重要作用。

3. 鲨鱼皮肤——泳衣

一件泳衣，在悉尼奥运会上改变了世界泳坛的格局。几乎大半金牌得主都穿上一种特殊的泳衣——连体鲨鱼装。这种鲨鱼装仿造了海中霸王鲨鱼的皮肤结构，泳衣上设计了一些粗糙的齿状凸起，能有效地引导水流，并收紧身体，避免皮肤和肌肉的颤动。

此后，仿生泳衣越仿越精。第二代鲨鱼装又增加了一些新的亮点，加入了一种叫作"弹性皮肤"的材料，可使人在水中受到的阻力减少 4%。此外，还

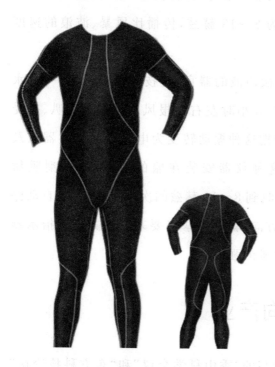

连体鲨鱼装

增加了两个附件，附在前臂上由钛硅树脂做成的缓冲器能使运动员游起来更加轻松；附在胸前和肩后的振动控制系统能帮助引导水流。

4.海蜇——水母耳

每当风暴来临前,最古老的腔肠生物海蜇仿佛能未卜先知,早早就离岸游向大海避灾。原来,海蜇有个"顺风耳",其"耳"(细柄上的小球)中有小小的听石,上面布满神经感受器,能听到风暴产生时发出的次声波(由空气和波浪摩擦而产生,频率为 8～13 赫兹,传播比风暴、波浪的速度快)。

模拟海蜇感受次声波的器官,科技人员设计出一种"水母耳"仪器,可提前 15 小时左右预报风暴。它由喇叭、接受次声波的共振器和把这种振动转变为电脉冲的转换器以及指示器组成。将这种仪器安装在船的前甲板上,喇叭做 360°旋转。当它接收到 8～13 赫兹的次声波时,旋转自动停止,喇叭所指示的方向,就是风暴将要来临的方向。指示器还可以告诉人们风暴的强度。

二、仿生走向产业

科学界级别最高的"香山科学会议"和"东方科技论坛"最近联合起来,就仿生学为主题召开学术研讨会,此举在科学界引起很大反响,为何给予仿生学如此高的规格?

这主要源自国际科研和高新技术产业的竞争态势。越来越多的科学家认识到:模仿自然更有无限的潜力和机会,更有可能提升原始创新的能力。

仿生海豚

人类进化只有 500 万年的历史，而生命进化已经历了约 35 亿年。大自然的奥秘

不胜枚举。每当我们发现一种生物奥秘，就有可能成为我们一种新的设计可能性，也可能带给我们新的生存方式，仿生思维就是在大自然中寻找解决问题的方程式。10 年前，许多国家就开始通过仿生学，提升科技创新活力和产业能

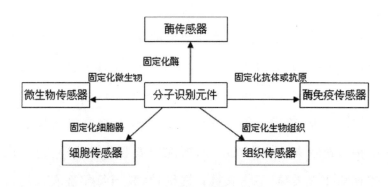

仿生传感器

级。在美国,有一项长期研究计划与仿生科技紧密相关,其优先发展的先进制造、先进材料和先进军事装备等,不少是从模拟与仿真入手;德国研究与技术部已就"21世纪的技术"为题,从仿生学出发,在电子技术、纳米技术、富勒碳材料、光子学、材料、生物传感器等领域投入了相当大的财力和人力;英国、日本、俄罗斯以及韩国等国都有相应的仿生科技和仿生产业中长期计划,在先进制造、材料、生物技术、高性能计算与通信计划等领域开展基础性研究。

仿生成果已不断涌现,并开始从基础研究发展到商业化竞争阶段。中科院上海生命科学研究院植物生理生态研究所研究员杜家纬介绍,这些仿生学成果应用于经济、军事和人类卫生事业后,在全球经济中所创造的份额会越来越大。如德国轮胎设计专家根据跑行中的猫前爪垫的功能和蜘蛛网的柔顺结构及其稳定性,设计出一种AMC垫型轮胎,其表面的柔软性和硬性网状结构设计,具有较大的抓地性和运行精度,增加了轮胎与地面的摩擦力,使刹车距离从现在的19米缩短为9米,大大提高了安全性。这种轮胎已完成了实地试验,一旦投产,对世界轮胎业产生的冲击可想而知。又如,德国米勒公司新设计的一款洗衣机内桶表面结构仿造蜂巢和龟背壳形状,所洗的衣服非常干净,但洗涤过程却非常柔顺,不伤衣料。据统计,我国每年洗衣机更新量为500万台,有关专家已经担忧,一旦这种仿生洗衣机进入市场,将大大挤压我国的洗衣机市场。

三、21 世纪的仿生学

　　机器人、纳米自洁涂料、生物农药……仿生科研在本市和全国其他城市的不少领域已有开展,但始终难以形成规模产业,缘于仿生学缺乏系统的研究规划和研究体系,因此源头创新性研究还远远不够。为此有关专家认为,科研主管部门、科技界和产业界都应转变观念和视角,从模仿国外转变为模仿自然,向大自然汲取科技创新的灵感。

　　据了解,我国当前优先发展的高技术产业化重点领域共有 141 个方面,其中将近有 30 个领域与仿生学相关。例如:光传输系统,生物医学材料及体内植入物和人造器官,生物反应器及分离技术与成套设备,医药新剂型,新型医用精密诊断及治疗仪器,新型材料－纳米材料,膜工程技术,子午线轮胎生产技术及关键设备和原材料,新型传感器,工业机器人及机器人自动化生产线,环境与污染源监测仪器及自动监测系统,高效、安全新农药、兽药及生物防治技术,新型墙体材料等。由此可见,加强仿生科研和仿生成果的转化,将使我国的高新技术产业的质与量都产生飞跃。

　　21 世纪的仿生学,正朝着微观、系统、智能、精细、洁净方向发展,更多地表现为将生物系统构造和生命活动过程融合到技术创新的设计思想中去。当前仿生结构和力学的研究在国际上受到高度关注,研制微型飞行器,机器昆虫和机器鱼等正形成热潮。在新材料研究方面,世界各国也都将目标放在模仿生物界的结构,如海洋壳类构造、蜘蛛丝、植物表面超微结构、动物角趾皮肤等等。

仿生学是多学科的交叉,需要多学科的专家,尤其是生命科学家和工程技术专家的共同关注与参与。专家呼吁:要将仿生学的发展放在国家重要战略地位加以考虑,把握21世纪国际仿生学的发展方向和前沿,加强原始创新研究,从仿生结构与力学,仿生材料与微纳系统,仿生功能器件及控制,分子仿生,神经和信息科学等五大"仿生科学与技术"系统性基础研究方向,建立复杂生物体系的研究与发现体系。在仿生材料,仿生工艺,仿生机械,仿生功能器件,微纳米仿生技术,仿生传感器,基因仿生工程,组织仿生工程,生物膜仿生工程和人工智能等10个前沿领域,加强仿生研究和产业孕育。

人类社会发展突飞猛进，虽然看上去纷繁复杂，光怪陆离，但若仔细研究一下，却也无非是由三大因素组成的，那就是地域观念、群体意识和等级制度。

地域观念是形成人类社会的基本因素之一，它也并不是人类自己的发明创造，动物

"山鹰"战斗机

世界早已存在地域观念，大到麝牛，小到旅鼠，从天上飞的鸟到地上跑的狐狸，其实都有自己的活动范围。只不过，它们的边界并不是靠重兵去把守，而是靠自己去维护。如果有同类来侵犯，照样会引起一场战争，虽然没有炮火连天，刀光剑影，却也会打得难解难分，直到有一方认输为止。当然，它们的边界并没有国界那样威严和

明显，却也是清清楚楚存在着的。狐狸和狼群通常都是用撒尿来圈定自己的边界，而北极麝牛则把自己具有浓味的分泌物涂在草上来标明自己的势力范围。旅鼠的活动范围比较小，但也有明确的地域观念，除了大迁移之外，平时从不超出自己的活动范围去觅食。

北极驯鹿

群体意识是构成了人类社会的第二大特点。如果没有这种意识，国界也就不复存在了，战争也就不会爆发了。但若真如此，则人类社会也就不复今日之繁荣，因为人类社会最辉煌的业绩和最伟大的成就都是要靠相当大的群体才能完成的，光靠单人独户是无论如何也不会有什么大的作为。这种团结协作的群体意识本来是人类精神中极具光辉的一面，但与此同时却也变成了极其可怕的东西，因为群体间的相互仇视、怨恨和敌对往往会导致更大的悲剧。

许多动物都有着非常强烈的群体意识，小到蚂蚁、蜜蜂,大到大象、鲸,都过着组织严密的集体生活。如北极驯鹿就深知群体之重要,因为只有组成大群才足以给天敌以威慑,一旦分散,就易被狼群所吞食。同样,北极狼也过着彼此配合默契的群体生活,只有这样才能捕获到足够的猎物。麝牛也是如此,从不单独行动,总是三五只或十几只成一群,一旦狼群来犯,则就围成圆阵,怒目而视,将弱小包在其中,常能使凶恶的敌人望而生畏,无计可施。鲸虽然活

北极燕鸥

动的范围极大,但也总是集体行动,边走边唱,彼此保持紧密的联系。鸟类就更是如此,例如北极燕鸥,常常组成成千上万只的大群,不管是狐狸还是狗熊,只要胆敢来犯,则群起而攻之。因此,即使剽悍的北极熊,看到这样的阵势,也得三思而后行。但与人类社会不同,动物的群体很少导致彼此间的严重对抗,即使偶有发生,也

往往点到为止,只要一方认输,冲突便告结束,从不穷追猛打,赶尽杀绝。只有蚂蚁是例外,它们之间的战争往往能造成大量伤亡,乃至全军覆没。

由此推论,动物世界和人类社会一样,也具有群体意识。不能说,人类的群体意识是从

麝牛总是群体活动,抵御敌人

生物那里学来的,因为人类本来就是从动物演化而来的,早在成为人类之前,例如猴子和类人猿之类甚至更早,就已经有了强烈的群体意识,与其说是仿生学,还不如说是从动物那里带来的。

人类社会的第三个特征是集团内的等级制度,从国王到平民,从元帅到士兵,从总统到大臣,等级森严,构

成了人类社会一种固定的模式。人们虽大叫着自主、平等、博爱，但却无法掩盖社会上的明显差别，尽管看上去有点不大合理，却也是社会生存所必须，如果一下取消了所有差别，天下恐怕就会大乱，陷入可怕的无政府状态，人类社会就将难以维持。

狼群是在北极最具有明显等级制度的动物群体。大量的观察和研究表明，狼群实际上是一个父系氏族，每一群体都是以一头最强壮的雄狼为首领，不仅负责组织和指挥打猎，而且也独占着与雌狼交配的权利。每打到猎物之后，先由它来享用，接着是它所钟爱的雌狼，然后是哺育幼仔的雌狼和小狼，最后才轮到其他的雄狼和雌

横行天下

狼。然而，首领的地位是不稳固的，更不是终身制，而是经常受到自认为是足以强大的其他雄狼的挑战，当然不是通过选举，而是实际的较量，一旦被

打败，则不仅它自己，而且连它在位时所钟爱的雌狼也都降为二等公民，备受歧视，往往是孤苦伶仃，直到死去。由此可见，无论是动物世界，还是人类社会，权力都是非常重要的，似乎没有权力就等于失去一切。

经济仿生学

名句箴言

谁若想在困厄时得到援助，就应在平日待人以宽。

——萨迪

仿生学与商业

一、人类进化对商业的启发

"我们的祖先是猴子"虽然这种说法不是很雅观,但这是我们不得不承认的事实。从猴子到人的漫长进化过程对中国商业世界有着一种启发,但我们要说的并不是"优胜劣汰"的老调。

追根溯源,你我最早的祖先是在丛

79

林里的食虫动物,在长期的进化过程中,它们逐渐扩大食谱,开始吃各种水果、坚果等,甚至以此为主,但猿猴依然吃"动物蛋白"。因为有着敏捷自如的四肢和日渐发达的大脑,它们称霸于丛林,有着丰富的食物,不必参与残酷的生存竞争。但是,有一天,气候发生变化,丛林乐园变得越来越小,而以前它们一无所知的旷野却在变大,人类的祖先不得不做出一个"决定",离开丛林,投身于旷野。

投身旷野的人类祖先每天面对凶猛的猫科、犬科食肉动物的威胁,譬如狼、狮子,并与敏捷的食草动物竞争。在旷野,它们不再有垂手可得的果实,不得不为食物而艰难寻觅。但从结果看,进入旷野绝对不是一个糟糕选择,现在那些留在丛林里的同类譬如猴子、大猩猩数量都极少,作为一个物种它们都衰落了。当然,绝不能说我们的启发就是"进入旷野",正如说"中国企业需要战略"一样,它太过空洞。

进入旷野的猿猴在许多方面都无法和旷野里的猛兽竞争,原来的行为习惯甚至妨碍它们在旷野的生存。旷野里的野狗、狼等犬科动物和狮、虎、豹等猫科动物都有着完美的感觉器官,听觉敏锐,眼睛能察觉极其细微的动作,狼等犬科动物有着长距离奔跑的耐力,而猫科动物善于以极快的速度猛扑猎物。旷野猛兽的消化系统已习惯长时间不吃东西,然后又大吃一顿。

猿猴擅长攀援,在旷野里可说是无用的技能。丛林里到处是果实,猿猴们整天在不停地进食。尽管猿猴有着严密的组织,一起迁徙,一起奔逃,一起休息,一起睡觉,但由于食物唾手可得,它们相当懒惰,由于觅食容易,不需要合作、相互协调,它们往往"勾心斗角"。

尽管生存在旷野中异常艰难,但它们生存下来了。在旷野,由于诸如类似丛林里传统食物的植物的根和球茎等难寻,它们迈出了食肉的第一步,食物结构变为多吃"荤",少吃"素"。但是,它们远不能与猛兽竞争,或者试图猎食膘肥肉多的四蹄动物。

突然地人类祖先拥有了发达的大脑、灵巧的双手和社会组织,这使得它们的生存和发展发生巨变。"突然地拥有"往往让人产生错误的印象,实际上这些都是自然发展的结果,灵巧的双手使得它们使用天然工具到自己制造工具,源自丛林生活的严密组织使得自然地采用集体狩猎方式,这种狩猎方式需要预先进行部署,不断的沟通、合作使得它们原本已稍领先的大脑越来越发达。简单地说,"他们用前所未有的方式舍弃了自然赐予的爪牙,拿起自己制造的武器,并由此大获成功。"他们没有进化出锋利的牙齿和指甲,事后看,如果人类祖先的进化是以猫科动物的方式和猫科的猛兽们竞争,我们现在所谈论的世界可能就根本不存在。

在最根本的竞争战略上,人类祖先选择了以新的方式竞争,因为以对手的方式无法取得成功。但在一些其他方面,它们开始以旷野的猛兽为师。食物结构开始以肉食为主,饮食方式也由过去的"少吃多餐"变为"多吃少餐"。它们也有了固定居所,开始储藏食物,开始有猛兽式的食物共享,像公狼一样,它们把猎物带回去给母猿和幼猿。不管是灵巧的双手、发达的大脑,还是新的饮食、居住方式,这些逐渐发展出来的活动都相互匹配,相互增强。

人类祖先从猛兽老师那里学会把狩猎过程细分,赋予每个过程(寻觅猎物、追踪猎物、猎杀猎物和撕开猎物)各自的目标和乐趣。猿猴过去的觅食过程是没有这种乐趣的,它们摘下果子立刻吞吃,时间极短;相比而言,以捕杀其他动物为食的食肉动物觅食的各个过程是分开的,每个行为都能让它们得到某种满足。

此时,人类祖先也有了自己独特的东西,譬如社会组织关系。一个重大变革就是,他们形成两性的对偶关系,这使得雄性能外出狩猎,减少争斗从而有利于合作狩猎,以及可以更好地抚育后代。进化到几千年前,有了民族、文化、国家等等,这些往往是根本性的变化,至少从人类的角度来看是这样的。

我们可以用管理的专业术语这样解释:在商业环境巨变的时刻,企业作出决定性的重大抉择;战略应该是做不同的事或以不同的方式做事;然后形成一套相互匹配、相互间具有正反馈效应的活动,它们或是原有的,或是学习来的,或进化而来；同时，在一系列基本方面如生产效率又必须学习竞争对手、达到或超过它们的标准；最后，形成独特的组织文化、组织关系，这些组织能力是企业可持续竞争优势的根本。

如我们所知，人类祖先超越对手最根本的原因在于智慧，它们的脑力在进化过程中大大增强。人类脑力的增长应归功于所谓"幼态延续"（neoteny），也就是幼年期的某些特征一直保留到成年期。这种现象在当今的人类非常明显：在出生时，幼儿的脑容量只有成年人的23％，整个发育过程需要二十几年。相比而言，猴子出生时为70％，6个月内迅速发育成熟。

儿童期的特征是好奇心强、模仿能力强，延长了的儿童期使得人类能够模仿与探索周围的世界，他们从双亲处学到非常多的东西，远超过其他任何动物。他成熟的过程也是被文化、行为准则规范的过程。引申出去，幼态延续的重要启发是，如今我们试图给企业强加上许多过于西方完美的管理体系、管理规范，可能妨碍它们的探索，妨碍它们的成长。

关于人类的动物本性，动物学家莫里斯这样说，"那个古怪的野兽不仅依然活在我们体内，实际上还相当活跃。"对中国商业世界来说，那个野兽的本性可能是战略层面的同质化竞争，也可能是管理层面的企业权术，或者员工层面的怠工式工作。

有趣的是,另一方面,就像我们不愿承认身体深处有着某些"猴子"的本性一样,中国商业界也几乎不肯正视它的祖先留下的遗产,不管这些优秀企业经验是解放前,还是计划经济时代,或者过去了的 25 年前。

二、新新人类应该具有的 12 种动物精神

尽职的牧羊犬:新新人类的通病就是缺乏责任感,作为一个新人,学习建立负责任的观念,会让主管、同事觉得孺子可教。抱着多做一点多学一点的心态,你很快就会进入状态。

团结合作的蜜蜂:新人初来乍到,往往不知如何利用团队的力量完成工作。现在的企业很讲究 TeamWork,这不但包括借由团队、寻求资源,也包含主动帮助别人,以团体为荣。

坚忍执著的鲑鱼:新人由于对自己的人生目标还不确定,常常三心二意地不知自己将来要做什么。设定目标是首先要做的功课,然后就是坚忍执著地前行。途中当然应该停下来检视一下成果,但变来变去的人,多半是一事无成。

目标远大的鸿雁:太多年轻人因为贪图一时的轻松,而

放弃未来可能创造前景的挑战。要时时鼓励自己将目标放远。

目光锐利的老鹰：新人首先要学会分辨是非，懂得细心观察时势。一味接受指示、不分对错，将是事倍功半，得不到赞赏和鼓励。

脚踏实地的大象：大象走得很慢，却是一步一个脚印，累积雄厚的实力。新人切忌说得天花乱坠，却无法一一落实。脚踏实地的人会让别人有安全感，也愿意将更多的责任赋予你。

忍辱负重的骆驼：工作压力、人际关系，往往是新人无法承受之重。人生的路很漫长，学习骆驼负重的精神，才能安全地抵达终点。

严格守时的公鸡：很多人没有时间观念，上班迟到、无法如期交件等等，都是没有时间观念导致的后果。时间就是成本，新人时期养成时间成本的观念，有助于日后晋升时提升工作效率。

感恩图报的山羊：你可以像海绵一样吸取别人的经验，但是职场不是补习班，没有人有义务教导你如何完成工作。学习山羊反哺的精神，有感恩图报的心，工作会更愉快。

勇敢挑战的狮子：对于大案子、新案子勇于承接，对于新人是最好的磨炼。若有机会应该勇敢挑战不可能的任务，借此累积别人得不到的经验，下一个升职的可能就是你。

　　机智应变的猴子:工作中的流程有些往往是一成不变的,新人的优势在于不了解既有的做法,而能创造出新的创意与点子。一味地接受工作的交付,只能学到工作方法的皮毛,能思考应变的人,才会学到方法的精髓。

　　善解人意的海豚:常常问自己:我是主管该怎么办?有助于吸收处理事情的方法。在工作上善解人意,会减轻主管、共事者的负担,也让你更具人缘。

人生应该如蜡烛一样，从顶燃到底，一直都是光明的。

——萧楚女

名句箴言

仿生学与股市

在大自然中，猫科动物的生存及狩猎的本领确实令人佩服得五体投地，无论是生活在非洲的狮子、猎豹还是在我们亚洲森林中的老虎，甚至是我们家养的宠物——猫，均具有共同点就是带钩的锐爪、带倒刺的舌头，尖刀似的犬牙以及敏锐的视觉等等，这些必备的条件方使猫科动物在强胜弱汰的自然界生物链中占据较高的位置。但是我们发现在猫科动物中除了猫豹以外的其他豹类（如金钱豹）不但具备以上作为狙击手的条件外，还具备上树的本领！这样对它们而言，在狩猎时可攻可守，空间得以打开，如果捕到大型草食类动物而不能一餐吃完的话，还可以把猎物拖至树上，从而令狮子、老虎垂涎三尺且自叹不如！我们作为股市中的猎手，就应仿效金钱豹的独特生存本领，无论是在基本面分析还是在技术面分析方法上，不断完备自己的操作技能及扎实的功底，这样方能时时保护自己且高人一筹。

说到在狩猎的方法上，猫科动物作战时其策略方法则各不相同，有独来独往，神秘莫测的独行侠——老虎，亦有群起而攻之的狮群集体做"庄"，不管怎样坐庄，结果必是一场血腥屠杀，这是大自然中的法则。

为了在生活中努力发挥自己的作用，热爱人生吧！

——罗 丹

名句箴言

仿生学与广告

广告仿生，就是把广告视为一个有血有肉的生命体，以生命体各式各样的特性作为广告模拟的对象，或者说研究广告的人性。依据生态学的原理，特别是生态系统、生态平衡、协同进化等原理和机制，认识广告及其生存环境的各种现象及其原因，研究广告的生存大计、长远利益和可持续发展问题，进而掌握广告运作的规律，揭示广告发展的正确方向和趋势。和传统的广告观念不同，仿生广告不再以促销为根本目标，其最终的目的是人性化满足受众和广告主以及自我永续生存。我们就是为了达到这个目的而探索广告进化的规律性及仿生广告的战术、战略，并从某种程度上引发人们深层次的思考。

广告也有生命，它也有感官、四肢、内脏和大脑。广告的视听味触嗅等多种感官由广告作品的图像、文字、声音、味道、触感、气味等体现出来；广播电视、报纸杂志、户外媒体和互联网是广告的四肢，加拿大传播学者麦克卢汉就曾提出过他著名的"媒介是人体的延伸"。在这里，媒介也是广告生命体的延伸；广告组织是广告的五脏六腑，广告组织包括广告公司、企业里的广告部、媒介的广告部等，它们都不会在广告作品中表现出来，但直接影响到广告作品成功与否；创意则是广告的大脑和灵魂，大卫奥格威说过，没有

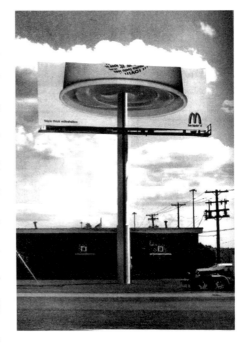

李奥贝纳设计的麦当劳的广告

创意的广告作品就像没有大脑的身体。灵活的头脑、协调合作的内脏、勤劳的四肢、敏锐的感官是广告生存和发展的根本。为了达成上述目标，一代又一代的广告人做出了不少的努力。比如，李奥贝纳为美国肉类协会做的广告"你能不能听到它们在锅里嗞嗞作响？"，他用广告的听觉作诱导，唤起人们的味觉联想，从而唤起人们的食欲；宝洁公司正在为一种新的洗发水展开广告攻势，他们在公共汽车站亭张贴出能散发香味的海报。这种新的去屑洗发水带有柑橘香味，旨在吸引更多的青少年和女性受众。由盛世公司设计的芳香海报最近也开始在伦敦张贴。海报上，一位年轻女子一头秀发随风飘扬，上面还有"请按此处"的字样，按一下，一股雾状香味气体便随之喷出。海报底部，一条宣传语写着："感受清新柑橘的芳香。"这则广告开发了广告生命体的嗅觉功能，使广告生命体更完整，使广告作品更人性化。还有就是上述两篇文章在理论上对广告传播生态学进行了探索。但是，必须指出的是，把广告比作生命体，并不是广告仿生的目的。把广告比做有机生命体，这本身并没有多大的指导或启发意义。只有把广告生命体和它生存的环境联系起来，组建一个庞大的生态系统，在这个生态系统中，研究如何保持广告与经济、社会生态环境的协调、适应、平衡、互动关系，使广告生态环境向良性、健康的方向发展，它的积极意义才会凸现出来。

Follow Me!

跟我来!

人类在长期的社会竞争中形成了一系列的经济法则,动物也一样。美国埃默里大学心理学和动物行为学教授德瓦尔说,动物的经济倾向和人类有共同之处,它们知道怎样得到好处,知道怎样分享、合作与礼尚往来。

寄居蟹:房地产市场的法则。德瓦尔说:"我有一间办公室,如果我搬出去了,它不会空很久就会有人搬进来。自然界和房地产也一样,经常出现不断更换房主的情况。"

寄居蟹由于其特殊的需求,而形成了一种简单的"房地产法则"。寄居蟹的腹部较软弱,需要坚硬的外壳来保护。寄居蟹会长大,但外壳却不会变。长大了的寄居蟹就要抛弃旧房,寻找新

寄居蟹

寄居蟹的身体

寻找寄居处

屋。它们可能会住进别的寄居蟹腾出来的旧居,也可能强行占领其他同类的房子。

猴子:懂得与合作者分享。德瓦尔教授说,动物懂得相互协助、相互利用,以保证群体生活的共同利益。德瓦尔及其研究人员曾经在美国亚特兰大约克斯国家灵长类研究中心进行过这样一个实验:他们将两只卷尾猴分别关在两个相邻的笼子里,将两只盛满食物的杯子放在笼子外面一个可移动的托盘上,托盘连着拉杆,伸进猴子笼。由于托盘很重,一只猴子拉不动,于是两只猴子共同拽动拉杆,将托盘拉到伸手可及之处。一只猴子动作很快,一把抓住食物杯,并松开了拉杆。那只得到了食物的猴子在大快朵颐之后,并没有抛弃自己的同伴,而是再次拿起拉杆,帮同伴得到了盘中餐。卷尾猴的行为更接近人类的经济交换,因为它表现出了合作、传递信息等特征。

裂唇鱼:主观为己,客观为他。裂唇鱼是一种小海鱼,它以大鱼身上的寄生虫为生,因此也有一个俗称叫"鱼医生"。裂唇鱼的顾客有两大类,一种是只在当地活动的鱼,一种是四处周游的鱼。只在当地活动的鱼没有多少选择余地,只能找固定的裂唇鱼,而四处游弋的鱼则可货比三家。所以对于裂唇鱼来说,它们对后者的服务要更好一些,这样可以吸引更多的外来"回头客"。

狒狒:要想得到,先需付出。雌狒狒对婴儿狒狒都会表现出母性的爱。它们不仅对自己的孩子如此,对其他的孩子也一样。但狒狒妈妈都对孩子呵护备至,不会让其他狒狒来逗弄自己的宝贝。为了有机会接近"别人"的孩子,雌狒狒会为狒狒妈

狒狒也懂经济学

妈梳理毛发,借此机会多看婴儿两眼。

狒狒妈妈得到了梳理毛发的服务之后,也会放松戒心。通过梳理毛发"买"来接近婴儿的时间,这就是狒狒之间的交易。如果狒狒群体的婴儿较少,交易价格就会贵一些,雌狒狒给狒狒妈妈梳理毛发的时间就要延长。

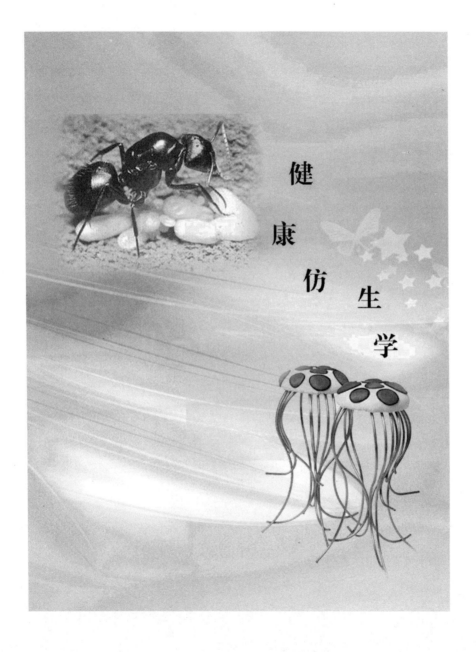

健康仿生学

名句箴言

人生有两出悲剧。一是万念俱灰，另一是踌躇满志。

——萧伯纳

医学仿生

一、动物自疗对人类的启示

虽然因为基因和遗传工程的出现而把人类治病疗伤的基础建立在了尖端的水平上，但是，目前人类对很多疾病仍然是束手无策，因为人类的认识是有限的。不过，人类的认识不仅可以受大自然的启发，还可以受动物的启发。

直到今天,动物自我治病疗伤的本领仍然是人类汲取健身防病方法的有效依据,尤其是那些慢性病和顽固性疾病。

（一）动物启示产生的新学科

在用草药治病的时候,有相当多的方法是从动物那里借鉴来的。1994 年,人们在对动物自疗的认识基础上创建了一门年轻的新学科,称为"动物生药学"（Zoo pharmacognosy）,并且在国际上召开了第一次学术会议,以交流对动物自疗研究的知识和经验。

电影《终结者》的剧照,其中的机器人,就是机械骨骼外包人体皮、肉组织

经过多年研究,我们已经知道,动物自身的免疫系统足以抗御疾病,但是它们并不仅仅是靠自身的免疫系统来防病抗病和保持健康。免疫只是一种被动的方法,此外动物还要采取主动的方法来治病。动物生存除了足够的食物外,还把大量的精力和时间放在维护健康上,这就是寻找自然界中的保健医疗药物。动物的预防疾病和自我治疗是不太好区分的,因为这里没有明显的差别和特点。比如,

呕吐是人预防疾病的有效方法之一。但是,动物不能呕吐,比如老鼠,无论何时当它感到自己有病或吃了有毒的食物时,它会找到一种黏土,这种黏土能吸附毒素,并使毒素灭除或减轻。当老鼠稍稍感到恶心时,它会吃下这类黏土,这样老鼠就能有效地避免中毒。这时就不好区分老鼠是自我预防或保护,还是自我治病。所以人类从动物那里获得的都是预防和治疗相结合的经验。

人也有相似的情况。人与动物的自疗都是无意识的。比如,尽管没有确诊,有些精神分裂症患者每天会抽多于常人三倍的烟。如果要问他为什么抽如此多的烟,他只是回答喜欢而已。但实际上是尼古丁能减轻精神分裂症的症状。

(二)动物自疗与适应环境

动物有两个适应环境的重要能力那就是自我保健和医疗,这两点是它们生存的条件。

动物是怎样发现对它们身体有利和保健的药物及饮食的呢?对这方面的研究还比较少,一些例子只能说明表面现象。实际上正如人类早期发现药物和食物一样,神农尝百草是一种最简单但又是最有效的方法,只不过这种方式有一点危险,是拿自己的生命在冒险。但是动物的做法好像比人类祖先神农尝百草的方法更科学也更安全。

美国杜克大学的科研人员经过对坦桑尼亚的桑给巴尔

岛的一种红疣猴长期观察,发现它们有一种独特的鉴别其所吃食物是否有毒的方法。红疣猴总是吃木炭来检验其所吃的植物是否有毒。而且年轻的红疣猴看它们的母亲这么做时也学会了这种方法。相似地,日本京都大学的研究人员发现黑猩猩会折叠毛茸茸的树叶,并吞下叶子。原来它们是用这种方法清除肠道中的寄生虫。但黑猩猩这种吞食树叶驱

神农采药图

虫的行为也是从经验中学到的。

以前一些研究人员认为,动物能准确地知道哪种草药可以治疗它们的何种疾病,就像人患病并被确诊后可以对症用药一样。但是研究发现,动物利用草药治病并非很精确地用某种药治某种特定的病,它们用药有高度的灵活性。比如,类人猿似乎可以吞食任何它们所能找到的表面粗糙的叶子来驱除体内的寄生虫。经观察,这样的树叶大约有30多种。这种行为不仅仅是类人猿所特有的,熊和鹅也用

这种方法来驱除体内的寄生虫。同样,宠物饲养者也发现,狗和猫有时并不吃它们喜欢的食物,而是像牛和羊一样吃草。对此,研究人员的解释也是,狗和猫吃草也是为了驱除体内的寄生虫或是因体内缺少它们所需的物质,如维生素、纤维素等,其目的也在于防病和保健。

（三）家养动物的本领和人类的学习

难道只有野生动物才有自我保健和治疗的本领吗？不是,其实家养动物照样也有自我治疗的本事。例如,牛吃黏土。放牧者或农场工人都熟悉,牛群总是掘土,舔吃泥土。这表明牛知道自己体内缺少某种矿物质,它们在寻找某种矿物质。还有研究人员在英国设备兰群岛上发现,当地的绵羊在吃燕鸥的尸骨。绵羊并不吃肉,只是嚼燕鸥的骨头。分析表明,由于绵羊只吃草,它们体内缺少矿物质,所以要从燕鸥的骨头中获得矿物质的补充,以保障它们的健康。还有人观察到牛群不仅仅是在寻找矿物质,而且在挖地寻找黏土。研究人员分析认为,黏土上粘有很多病菌,能够引起牛腹泻。在排泄的同时也就把牛肚子里的毒素和寄生虫排了出去。研究人员计算过这种结果,由于有效排出了寄生虫,牛把食物的能量和营养转化为自身肌肉的能量提高了 20%。根据这种情况,研究人员认为这是养殖业的一个新的方向。如果在牛、羊、猪、鸡、鸭等牲畜饲养中减少使用抗生素来治病、杀菌,而是采用动物自我治疗的方法,如吃黏土,就可能既生产无毒无害的绿色食品(肉类和蛋类),又能增加产量。

无论是东方的还是西方的养马人都有这样的"妙方",如果想驱除马体内的寄生虫时,可以剪一撮马尾,然后外面裹上蜂蜜,再让马吞下去。这个原理与上述动物吞食多毛的树叶来驱除寄生虫完全一样。毛发不会被消化,而且可以刺激和裹挟肠道中的寄生虫,让其排出体外。

如果要把动物的这些方法用到人身上可能是不大可能的。比如,人们总是认为如果吃那些无营养的东西不仅对人无用,而且会中毒。所以许多东西人们不愿意吃,也就长期地排除在自己的食谱之外,比如一些苦味的食物和植物。但是这些东西对于人的健康也许是非常重要的,因为它们能排毒。有一个例子:肯尼亚的马萨伊人60%的蛋白质都来自动物食品,这种饮食结构与西方人差不多,是引起心脏病的主要原因。但是马萨伊人的心脏病发病率却比西方人低得多。原因在于他们常常吃苦味的草药,而且成为日常食品。这些苦味的食物本身就是一种抗毒剂,能够中和或减轻动物脂肪的副作用。

(四)动物的公共卫生和环保意识

保护环境、减少污染是今天人类共同关注的话题。令人遗憾的是,在环境遭到如此巨大的破坏、人的生存环境日益恶化后人们才认识到这点。事实上,与人类相比,动物的环保意识和维护公共卫生的做法似乎是与生俱来的。这种与生俱来的意识和行为是在生存中获得的一种启示,并成为一种法则:只有讲究公共卫生,自己这个群体才会在生存竞争中获得优势,并生存和繁衍下去。

不知大家知不知道,动物有一种既是有效的自我保健方式,又是使群体更好生存的策略。就是它们在死亡时要走到很远的地方去把自身的尸体埋葬掉。这种做法最为著名的是大象。但是,其他动物也都有这样的行为,比如獾、大猩猩都这么做。以前人们对动物的这种做法有很多说法,比较能认同的一种解释是,动物有灵性,知道自己将死,不愿给群体带来负担,而且不愿引起其他同伴的悲伤。但是多年来环境生态学的研究发现,动物这么做的最大作用不仅是对自我群体的保健,也是对自己生存环境的保护。因为即使泥土浅浅地埋掉或遮盖住尸体,也可以极大地减少尸体的腐败和苍蝇传播疾病的机会。

另一些鲜为人知的事实是,一些动物利用自己环境的独特物质,在自己死后为群体创造较好的公共卫生条件,使得整个群体能健康地生活。蜜蜂的死亡就是这种行为的最典型表现。一般蜜蜂死亡如同人一样喜欢"寿终正寝",死在自己的巢穴里。但是,如果死亡后不做任何处理,其尸体就会腐烂,病菌丛生,从而造成其他蜜蜂的生病和死亡。事实上蜂巢里每天都有很多蜜蜂死亡,但是没有看到死亡蜜蜂的腐败现象和导致传染病在蜜蜂中的大流行。原因在于,蜜蜂死后会把自己包裹在自己生产的蜂蜡中。这样做就像人类的木乃伊一样,涂了一层极好的防腐材料,可以防止尸体腐败而把病菌传染给其他蜜蜂。可见,动物的公共卫生本领和知识比人类强多了。

如果人类能像动物这样,其自身环境和与其他生物相处的环境都会得到极大改善,而且疾病的防治也会容易一些。

二、医学与仿生

(一)仿生皮肤

每年都有数以百万计的人因这样或那样的原因需要植皮,这是一个既漫长又容易受损的治疗过程,因为手术后病人需要面对两大难题,一是没有合适的移植组织,二是生理上能否接受移植的皮肤。

医生从病人身上取得好些健全细胞,然后再在实验室将这些细胞进行大量繁殖,为了组成组织,提供一个这些细胞需要的架构来让它们繁殖,直至它们变成一个立体细胞。整个的繁殖皮肤的过程,用了一种叫作透明质酸的物质。透明质酸是在人类组织中可找着的一种多糖,尤其是在皮肤。我们稍微改良它的化学成分,并改变它成为复杂的生物原料,这提供了一个理想的骨架,来激增"成纤维细胞",以产生新一代人造皮肤。这种方法更可用来重建好像人类耳朵这样复杂的结构。由于所提取的物质是来自本身皮肤的,所以绝对合乎自然的准则,从病人身体上抽出细胞,一经接种到骨架之上,便会认定它们既有的自然环境,并开始繁殖。由一个只有一平方厘米大小的活组织检查样本,可以在两周内生殖出足够覆盖整个成人身体的皮肤,简直可以称为细胞工厂。

大致操作流程如下:

(1)首先要从病人身上取出皮肤样本,分割出真皮和表皮,并从中取出某些细胞放在实验室里进行繁殖;

(2)稍后这些细胞便被放置到不同的支架之上,其中体积较厚和富有弹性的是从真皮中抽取出来的细胞,而另外一些体积较薄的是从表皮中抽取出来的细胞,这些细胞即时开始繁殖;

(3)然后,已繁殖好的人造皮肤,包装妥当后送回到医院;

(4)进行移植手术,医生将真皮放在适当的移植位置。由这个时候开始,这些细胞继续繁殖,逐步地复原这块真皮,以求建立一个完整的血管网络;

(5)然后再将这块含有表皮细胞的薄膜放到适当的位置上,利用激光去将这片含有表皮细胞的薄膜贴在真皮之上,这两片皮层在一个月后会自动消失,只留下来修复完好的皮肤。

仿生武器

(二)仿生肌肉

目前,由于形状记忆合金、形状记忆树脂、高分子凝胶等多种新材料的问世与应用发展,使人的肌肉仿生在功能与力量上接近了常人,毫无疑问,未来仿生肌肉必有广泛的前景。

人造肌肉(右)和真实肌肉的"较量"

人类的肌肉是由肌动蛋白与肌凝蛋白的纤维所组成的,只要分解微量的化学物质就能产生巨大的能量,是一种能源效率相当高的驱动装置。若将肌肉的结构应用在机器人上是种高难度的挑战。人工肌肉以收缩动作来发挥动力,其功能跟人类的肌肉一样,只要改变人工肌肉的气压,手臂就会伸缩,全部重量仅 60 至 200 克,却能发挥 2000 倍的张力。由于使用人工肌肉的关系,重量变得出乎想象的轻。以喷漆机器人"SOFTBOY"手臂为例,它的重量约 30 公斤,仅为使用马达、皮带、链条或油压气缸之手臂的 1/10。

目前,日本工业技术院希望通过对分子的研究促使对人工肌肉活动的研究,从而把对肌肉活动的研究提升至分子的水平,"若能通过对分子的研究,进而了解肌肉的结构,做出人工肌肉的话,就可以全新的原理做出驱动装置。"仿生肌肉不仅可用于残疾人假肢,也可装在机器人上。

目前,国际上已有研究机构开发出一种老人看护用、床边用餐辅助手臂,装有以合成纤维被覆橡胶管的人工肌肉。在高龄化社会将要来临之前,在看护设施、护士严重不足的今天,这种看护手臂正好可助一臂之力。

(三)仿生眼

随着计算机技术的不断提高,科学家正在研究运用最新的芯片技术打造一种供盲人使用的仿生眼,越来越多的残疾人的生活将得到改善。

视网膜疾病,是导致失明的一大原因。一般来说,患者的角膜、晶体、视神经都是完好的,阻挡视觉信号进入大脑的是受损的视网膜感光细胞。因此,如果能够人工"架桥",将完好的部分连接起来,就可以使患者恢复一定的光感和视力。

目前一种人工眼采用微电子技术正在研究之中,在三毫米见方的芯片上放置 4000～5000 个微型太阳能电池。当光线通过角膜、晶体,达到视网膜时,这些微型太阳能电池将其强度转换成不同的电信号,通过视神经传送给视觉中枢。现在人工眼还只能传送黑白图像,并且只处于动物实验的阶段。不过,相信随着太阳能电池体积的不断减小,人工眼的功效也会提高,最终使盲人重见光明。

此外,一种人工眼雏形正在美国麻省理工学院投以研制,利用体外的输入工具和体内的芯片相结合,给患者提供更精密的图像。具体来说,一个微型的摄像机拍摄图像,将其编码,通过激光传送给移植体内的芯片。然后,人造的光传感器将图像转换成电子信号用以刺激视神经。

(四)仿生眼皮

目前有些患者由于癌症或其他意外,导致失去单眼的眼球甚至眼皮。如果对这些患者进行外科整形,难度往往很大。虽然可为患者配备人造眼球,但现有人造眼皮一般难以做到随另一只正常眼睛的眨动而运动。这不仅影响到外科整形后的眼部效果,有时甚至会因此给患者造成一定心理阴影。研究人员最近研制的仿生上眼皮,不仅能随正常眼睛的眨动而同步开合,而且美容效果也不错。

仿生眼皮主要由具有弹性的乳胶薄膜制成,它可与人造眼球配合使用。仿生眼皮通过细微的聚酰胺线与一微型马达相连,驱动微型马达的电池则安放于人造眼球后部的微型丙烯酸胶囊之中。当另一只正常眼睛眨动时,其肌肉运动所发出信号可启动微型马达工作。

(五)仿生芯片控制人体细胞

仿生芯片是由健康的人体细胞与一个电子集成电路芯片经特殊方法结合起来的微型装置,它比头发丝还要细微,也称细胞芯片。它的原理是当细胞受力一定的电压时,细胞膜微孔就会张开,具有渗透性。通过计算机控制微型装置中的芯片,即可达到控制该健康细胞活动的目的。

由于细胞芯片装置能够精确地控制细胞膜微孔开启与关闭,从而能够借此更好地掌握原本比较难以把握的基因疗法。具体地说,可以在根本不影响周围细胞的情况下,对目标基因或细胞进行基因导入、蛋白质提取等研究。

未来的细胞芯片将有望具有下列功能:

(1)能够精确调节电压,以便激活不同的人体组织细胞,包括从肌肉、骨骼到人脑的细胞;(2)能够批量生产,把它们植入人体,以取代或修补人体病变细胞组织,解决数千种人类疾病难题。

生物医学专家认为,这种芯片装置为细胞研究提供了重要的实验工具。仿生芯片装置更精确更容易地做到了控制细胞活动。

（六）仿生电子人

在人体上安装了假肢、人造电子仿生组织或器官等医疗和通信装置后，人体会有些什么反应呢？这些装置所具有的生理功能又怎样呢？英国 BT 实验室研制成功的仿生电子人，为这方面的研究提供了一种新工具。

仿生电子人是由一些人造电子仿生组织或器官组装而成，具有脉搏，可用来检测人造电子仿生组织或器官的功能。有关医学研究工作者认为，随着科学技术的发展，将会有越来越多的人造电子仿生组织或器官代替人体上已丧失功能的膝关节、髋关节、踝关节、肘关节、心脏、耳朵和皮肤等组织或器官。估计在不远的将来，科学家们将会研制出人造电子仿生肺、人造电子仿生肝和人造电子仿生胰等人造电子仿生器官。

人体上安装的人造电子仿生组织或器官中包含有存储体，该存储体能下载无线电信号。所以，如果人造电子仿生组织或器官出了问题，被安装者也不必去医院，因为医生可以通过发送无线电信号来改变人造电子仿生组织或器官中的程序，从而远程"医治""有病"的人造电子仿生组织或器官。

此外，仿生电子人也戴有若干信息和通信装置。比如，仿生电子人戴上了存储有自身相关信息的"智能手镯"。而且,仿生电子人可以使用可戴式电脑的日期也不会太远。

仿生电子人将帮助医学研究工作者检测各种人造电子仿生组织或器官的生理功能。大多数人造电子仿生组织或器官的运转需要电能。英国 BT 实验室正在试制一种特殊的背心。如果仿生电子人穿上了这样的背心,该背心就可为仿生电子人供应电能,未来的仿生电子人或许可以迈开脚步行走乃至奔跑起来。

名句箴言

不良的习惯会随时阻碍你走向成名、获利和享乐的路上去。

——莎士比亚

体育仿生

一、运动与仿生

运动仿生学早在我国古代名医华佗创立的"五禽戏"中就体现了，而且太极拳中的"倒撵猴""抱虎归山""白鹤亮翅"等动作，也是仿生学的成果。气功"五禽戏动功"，模拟禽兽的动作、表情和声音，表现猛虎扑食、鹿麋奔跃、熊步蹒跚、鹏鸟展翅、猿猴攀登，成为具有民族特色的体育仿生。

机器人"梦露"教你跳恰恰

为了开拓运动仿生学，国外已举行过好几次动物运动会。美国加利福尼亚州已开过几十次青蛙运动会，跳高冠军3.5英尺，跳跃冠军为2.5英尺。其他如骏马田径赛、鱼类游泳赛、袋鼠跳远赛……各类冠亚军获得者的动作都被高速录影，作为分析研究资料，供运动员训练时借鉴。运动仿生学日益受到体育界的重视。

二、体育比赛与仿生

仿生学是一门生物科学与技术科学之间的边缘学科，它把各种生物系统所具有的功能原理和作用机理作为生物模型进行研究，希望利用这些原理和机理，实现新的技术设计和制造出更好的产品。尽管仿生学的发展还没有到如火如荼的地步，但是，在体育领域中模仿生物行为的现象却是很早就存在了。早在 2000 多年前,中国已有人知道通过模仿鸟兽的动作来达到舒筋活血、健身治病的目的。在长沙马王堆三号西汉墓出土的帛画"导引图"上,就有一些动作是模仿动物的形态和姿势的。东汉名医华论所创的"五禽戏",就是模仿虎、鹿、熊、猿、鹤这 5 种禽兽的姿态和动作进行肢体活动。在中国的武术中,也可以看到人们模仿动物的一些动作进行搏击的技巧。

在现代的运动训练中,人们模仿动物的动作以提高运动成绩的例子也不少。1888 年,澳大利亚短跑运动员会里尔从观察跳远距离有 12 米、跑速达 70 多公里/小时的大袋鼠中发现,袋鼠在跑跳之前,总是要弯曲躯体,腹部几乎贴近地面,然后以弹射的速度起动。于是他放弃了传统的站立式起跑姿势,采用了类似袋鼠的起跑动作。不过这一技术在很长时期内未被人重视,直到 1896 年的第一届奥运会上,美国运动员伯克在 100 米跑的决赛中采用了这一技术并夺得金牌,这一人类从袋鼠那里学来的起跑姿势——蹲踞式,才开始在全球流行起来。在跑步姿势上,传统的观念是,后蹬是获得跑速的主要动力。但中国的一位田径教练不拘泥于这一传统说法,他对一些奔跑迅捷的动物进行了研究,发现动物在奔跑时,腿有一种着地快捷、执地积极并呈鞭打状的动作,由此得到启发,这位教练就要求运动员在跑步时不要过分依靠于后蹬力,以及采用围绕膝关节群发力的方法来谋求速度,而是把发力点提升到髋关节，以髋关节来推动大腿，做出脚掌扒地的鞭打着地动作，结果采用这种人类向动物学来的新姿势后，在6个月内，男子运动员的100米跑的成绩提高了0.3秒，女子运动员的成绩则提高了0.2秒。

在制造运动器材方面，人类也从生物界得到不少启发。如最初划船比赛所使用的普遍舟艇，既大又笨，速度很慢。19世纪中叶，人们发现鲸鱼游得快的一个原因就是它们具有很好的流线型的体形，而且皮肤光滑，阻力小。于是，人们就开始用平滑板来代替原来所用的重叠板式的外板，使船体平滑，减少了水的阻力。此外，人们还把桨手的位置，由原来的对称分布在船左右舷改在龙骨线中心位置上，使桨手成一直线，同时又安上了舷外桨架使船身更加狭长，更趋于流线型，水的阻力就更小了。这样，赛艇的速度就有了明显的提高。

由于仿生手段在体育领域中有如此众多而又显著的作用，而生物界中可供人们去探讨、借鉴的现象也层出不穷，如蚂蚁可背负比自己重十几倍的东西，跳蚤的跳高高度达到自己身长的500多倍，猎豹的奔跑速度达120公里/小时，因此，一门新的学科——运动仿生学便应运而生，并已取得了一些令人可喜的成果。但由于运动仿生学仍在初创阶段，所以，这一学科对体育运动更大的贡献还需要一个较长的时期。

名句箴言

人喜欢习惯，因为造它的就是自己。

——萧伯纳

养生保健与仿生

一、养生与仿生

养生，又称摄生、道生或养性等，其目的在于通过调理阴阳气血和神形等以提高人体的抗病能力，强身健体以及延年益寿。而量力持久的形体锻炼则是养生原则方法和措施中的一个重要组成部分。众所周知，形体锻炼的基本形成就是体育运动。

　　然而,体育运动从本质上而言是仿动物运动和狩猎行为的变化形式。例如游泳中有模仿蛙类和狗爬的泳姿;武术中有模仿动物活动的猴拳和鹰拳;摔跤中有模仿熊类的动作;赛跑、跳跃和铁饼标枪等田径运动源于追踪和投掷等狩猎要素;足球、篮球、曲棍球、羽毛球、棒球、冰球、马球、水球和乒乓球等球类运动源于瞄准和杀戮等狩猎行为。因而在体育运动出现的早期历史上的数百年间,所谓的体育运动就是狩猎运动的炫耀和娱乐形式。

　　到了我国春秋战国时期,庄子在《刻意》篇中道出我国老寿星"彭祖八百岁"的奥秘是"熊经鸟伸"时,人们才逐渐发现仿动物运动有助于延年益寿。因而在汉代华佗根据此发现和其间的相关道理创编了"五禽戏",仿效虎、鹿、熊、猿和鸟的原形进行扑、爬、倒立、倒挂以及鸟飞等运动锻炼。其徒弟吴普和阿樊长期演练后获益匪浅,在当时人们平均寿命只有二十多岁的战乱时期,他俩却活到九十岁以上。

　　对仿动物运动之所以能够发挥出强身健体和延年益寿的养生效果及意义的研究表明,人类通过模仿动物运动的行为姿势,可使体内各系统生理功能趋向协调,促进人体素质的动态平衡,稳定状态的保持,从而积极充分地挖掘、调动、调节和提高人体天然的防御及免疫能力,起到强化新陈代谢的生理作用效果,甚至使病变的形态实质得以部分或完全性地修复,最终在疑难疾病的预防和治疗方面体现出根治的积极意义。例如要预防大脑发生病变和提高用脑效率,就必须保证通过血液输送充足的氧和乙酰胆碱以及卵磷脂等物质。由于一般成年人的脑重为 1500 克左右,以致大脑所需要的血液循环量是身体其他器官的三十倍,否则就会因供血不足而出现头昏、迟钝和记忆减退。而经常性地模仿犬类的坐姿能够使头部的两条大动脉挺直,颈动脉不受压迫,从而更充分地保证大脑供血畅通无阻。

如人经常站立运动时,体内的血液因受地心引力的影响,极易滞留在心脏以下的部位,故增加了大脑中枢和心脏的额外负担,从而往往成为脑溢血、神经衰弱、心脏病、高血压、痔疮、胃下垂、下肢静脉曲张、腰酸背痛等的重要诱发因素。而模仿动物爬行或采用动物卧姿时,因身体高度降低接近水平位置,十分有利于体内的血液循环和新陈代谢作用的进行,使心脏能够很轻松地把新鲜养料泵送到身体的各个部位,并能及时地将人体内代谢作用之后的各种剩余物质较完全地排泄掉,且使血压降低和心跳减慢,因而对防治各种复杂病症以及强壮身体、营养保健和延缓衰老等等效果极为显著。

在大自然生态平衡被破坏如此严重的今天,环境污染所导致的数不清的诸如公害病、职业病、过敏症以及综合症等现代疾病威胁和困扰着人们。在大力提倡和赞赏返璞归真的时尚热潮涌动之际,包括仿动物运动在内的自然疗法和养生追求也应运而生。因此,现代人们在必需的直立活动和工作学习之余,不妨经常演练一些诸如"熊经鸟伸""五禽戏"、龟蛇功、猴拳、鹰拳、爬行等仿动物运动,这样于养生和身心健康都是大有裨益的。

二、保健与仿生

仿猫拱腰:每天早上醒来时,趴在床上,撑开双手,伸直合拢双腿,撅起臀部,像猫儿拱起脊梁那样用力拱腰,再放下高翘的臀部。反复十几次,可促进全身气血流畅,防治腰酸背痛等疾病。

仿狗行走:像狗走路一样,将四肢着地,右手和左脚、左手和右脚一起伸出去移动身体前行。每天坚持走 20 步,可以防治由于长时间站立或行走而引起的腰痛、胃下垂、痔疮及下肢肿胀等,对防治腰痛尤其有效。

仿蝗跷腿:将身体俯卧,双肘弯曲,双手贴在胸部下方的床板上。接着上身仰起,双脚并拢并尽量抬高,缓慢进行 3次腹式呼吸,每天数次。效仿飞蝗跷腿这一动作,尤其适合女性。

仿驼瑜伽:这是效仿骆驼动作的瑜伽姿势。首先,双手放在腰间,双膝跪在地上,然后慢慢地把上身向后仰,仰至快要不能支撑时,就用双手握住双脚的踝部,保持这种后仰姿势,以腹式呼吸重复 3 次。此法使大腿和腹部的肌肉得到充分运动,预防脂肪沉积,有利减肥。同时,由于腹部绷紧,刺激了肠道,对预防便秘效果明显。

仿猫打盹:猫常打盹,以弥补睡眠不足。有学者研究后认为,人和猫有着类似的精神状态,仿猫打盹有助于人们恢复精力,是克服疲乏的一种好方法。研究人员也证实,当人仿猫打盹时,大脑和肌肉立即呈松弛状态,非常有助于精神和体力的恢复。

大自然中，有很多的鸟兽动物身上有着许多宝贵的生存绝招及养生经验，真是取之不尽，用之不竭……。

仿照各种动物的养生方法，就叫仿生养生。于是，聪明的人类就向动物学习，习其之长，补己之短，悟出了许多养生之道。

天下成千上万种生物都在激烈的竞争中求生存。强者生存，弱者淘汰。于是，在严酷的环境中，在残酷的竞争中，他们不得不八仙过海，各显神通，从而各自练就了自己生存的绝招。

虽然人在生物界中高高在上，但也只是沧海一粟。虽然人具有许多高超本领为其他生物所不备，但亿万种生物的一技之长，恰恰又是万物之灵的人类所欠缺的。

军事仿生学

受惠的人，必须把那恩惠常藏心底，但是施恩的人则不可记住它。

——西塞罗

名句箴言

仿生武器

众所周知，蚂蚁能以释放和识别气味的方法识别回家的路，识别距离有时远至数百米。有些蚂蚁虽不会在爬过的路面上留下什么气味，但他们对经过的道路上的天然气味有识记本领，因而不会迷路。蚂蚁的眼睛是有许多单眼组成的复眼，视觉极为灵敏，超过人视觉能力约 70 倍，对 75 次/秒的闪光也能坦然应对，不会眼花缭乱。他能辨别各种颜色,辨别和识记物象或天象等。人走过某小路,不会记得小路上的石头,灌木和草丛什么样,但蚂蚁却心中有数。

蚂蚁在白天以太阳辨向,夜晚以天边极光或月光辨向。

仿生武器

根据蚂蚁的生理结构特点,军事仿生技术专家们想到组成马一般小而有战斗力的微型机器蚂蚁部队或微型机器蚁侦察分队,去完成获取情报,干扰敌通信或指挥系统,破坏敌电子设备线路等任务。而微型机器蚁完成任务的地方是人难以到达的充满危险的地方。有些机器蚁体内装有微量炸药,专门吞噬,破坏敌电脑网络与通信线路,截断敌信息通道。有的机器蚁将微型炸弹置于敌计算机核心部位自动撤离,转移地方执行另外任务。但大多数机器蚁像蚂蚁中有奉献精神的工蚁一样,带着超微炸弹钻进敌计算机系统内爆炸,与敌同归于尽,很有点敢死队的味道。

习惯，我们每个人或多或少都是它的奴隶。

——高汀

名句箴言

仿生战术

在长期的战争实践中，人们不仅从动物的身上产生灵感，发明了各种武器装备，而且还根据各种动物的行动特点创造了许多形象逼真的战术。

一、狼群战术

狼是一种十分狡猾的犬科动物，狼通常集群活动，它的战术特点：一是突然袭击；二是选择孤立或弱小的目标，四面攻击，使其顾此失彼，因此狼能够捕杀比它大得多的动物；三是多路追击、平行追击。二战中，德军实施潜艇协同作战的"狼群"战术，在战争初期取得了巨大战果。仅 1946 年下半年，德军共击沉盟军商船 343 艘，总吨位 170 万吨，战果是未使用该战术的 3 倍。

二、麻雀战术

麻雀是一种微不足道的小鸟，它的特点是从早到晚成群结队地围绕人的房前屋后转叫个不停，往往闹得人们不得安宁。麻雀战术的长处在于从四面八方灵活机动地消耗、迷惑、疲惫、杀伤敌人，使其惶惶不可终日，是一种有效的游击战的战法。

三、蛤蟆战术

美国在侵越战争期间，根据越南地形复杂、机动困难的特点，模仿蛙跳，发明了一种"蛙跳战术"，从此使武装直升机迅速发展起来。

四、蚂蚁战术

蚂蚁最拿手的自卫和进攻手段是"蚁海战术",无论是防御还是进攻,一只蚂蚁的力量微不足道,可是几百只、几千只、上万只蚂蚁聚集在一起,就是一支不可战胜的力量。

此外,蚂蚁的"地道战"战术对于在未来战争中大力发展地下工事的防护和战斗作用,也具有指导意义。

五、小鱼吃大鱼战术

海洋中有一种很小的硬鳄鱼,它的外皮很松懈,浑身长满了尖锐的棘刺,它对付比自己大许多倍的鱼很有一套方法。当大鲨鱼把它吞进肚子里后,它就变成一个刺球,用身上的刺到处乱刺乱撞,边啃边吃鲨鱼的鱼肉,鲨鱼虽然疼痛,可却毫无办法,只能听之任之,直到"海上霸王"一命呜呼。在未来的反侵略战争中,这种"钻肚子"或"掏心"战术可以指导我们适时组织若干精干的小分队或小部队,如实施特种部队作战,在敌人内部的指挥机关、通信交通枢纽及后方补给线等重要部位制造混乱,打击敌指挥系统。

科索沃战争中,北约使用了大批精确制导武器,那么,你知道这些"长眼睛的炸弹"是怎样研制出来的吗?它们堪称是仿生学运用于军事领域的杰作。在五光十色的众多学科中,独树一帜的仿生学尤为人们所青睐。地球是一个生机勃勃的世界。在我们周围的生物界里,那些空中飞的、地上跑的、水里游的、土里藏的生物,历经千百万年漫长岁月的进化,都有着自己独特的生存本领。例如,其貌不扬的螳螂,能在二十分之一秒的瞬间,判断出飞掠而过的昆虫的速度、距离,并一下子将其捕获,即使是现代化的电子追踪系统也无法比拟;喜欢夜晚扑向光亮的夜蛾,具有一套"抗干扰"的奇特本领,连素有"活雷达"之称的蝙蝠也逮不着它;被人称为"变色龙"的四脚蛇可以说是变色动物中的佼佼者,它可以依靠表皮下的多种色素块随时随地改变身体的颜色。

在军事上,人们直接模仿这些生物特性的例子举不胜举:人们模仿海豚皮肤的构造,用橡胶和硅树脂制成的一种"人造海豚皮",把它包在鱼雷表面,使其速度增加约一倍;模仿象鼻虫的眼睛,制成了"飞机对地速度指示器",可以测量导弹攻击目标的相对速度;模仿苍蝇的翼翅(平衡棒),制成"振动陀螺仪",这种仪器目前已经应用在火箭和高速飞机上,实现了自动驾驶。还有人模仿尺蠖一屈一伸的运动方式,设计了一种新型的轻型坦克,它适应各种地形,能够越过较大的障碍物,隐蔽在掩体里仍能升起炮塔射击,射击后又会隐蔽起来。人类在直接模仿生物特性的同时,还一直在深入探索一些生物功能的原理和规律,并不断加以系统化被人们视为尖端技术重要标志的火箭,之所以能发展到今天的高速度,一个重要的原因是其推进技术受到了乌贼鱼液体喷射原理的启示。

各种"长眼睛"的炮弹、导弹,是从响尾蛇与田鼠的"决斗"中发现了蛇的"热眼"受到深刻启发而问世的。田鼠和小鸟等小动物会辐射一定的热量,发出一种人眼看不见的光线——红外线。蛇的感受器接收到这些红外线后,就会知道这些小动物的方向位置,并一举将其捕获。科学家把蛇的热感受器叫作"热眼",蛇的"热眼"对波长为 0.01 毫米的红外线反应最灵敏、最强烈。而田鼠等小动物所发出的红外线波长恰好在 0.01 毫米左右,所以蛇很容易发现和捕获它们。蛇的"热眼"给科学家们很大启示,经过多年的研究试验,"响尾蛇"导弹终于诞生了。这种导弹也装有"热眼"——红外线自动跟踪制导系统,一旦发射出去,能专门寻找飞机辐射的红外热源，并紧紧跟踪将其炸毁。"响尾蛇"导弹在 20 世纪 80 年代的以叙贝卡谷地空战中一鸣惊人，战斗不到 1 分钟，叙利亚的一架飞机便拖着浓烟坠落下来，紧接着另一架飞机也凌空爆炸。战斗结束后，叙军发现仅这一次空战就损失了 20 多架飞机，几乎全部是被"响尾蛇"导弹打掉的。

据悉，美国海军还在研制一种"皮动潜艇"，是模仿海洋中两种特殊的鱼——鳐鱼和电鳗运动规律的原理设计而成。这种潜艇没有推进器，也没有垂直舵和水平舵，而是靠全身的"皮"作规律性运动前进，在海水中很难分辨出它是鱼还是船，因此它既可以突然地袭击敌人，又能巧妙地隐蔽自己。还有，栖息于树上的石龙子，善于变换皮肤的颜色，能适应周围的环境，以保护自己或捕杀比它更弱的动物，它之所以能自动变色，是因为其多层皮的细胞内含的绿色素，绿色素在每一个细胞内可以移动，有时聚成一点，有时散开，这样便改变了体色。一些国家通过研究变色动物色素块演变的原理，研制出了能自动变色的纤维。这种纤维能随着周围环境的光色变化而改变颜色，穿上这种纤维制成的军装，部队在松林里，会变成深绿色；前进在草地上，会呈现出黄绿色；伏卧在野草尚未萌发的大地上，又会变得昏黄如土……这种新的"变色服"为军队的伪装和隐蔽提供了极大的方便。向地球生物界索取设计蓝图,仍是实现军队高技术化的一个重要途径。目前已经发现,生物界存在着效率极高、精确可靠的定向、导航、探测、控制调节、能量转换、信息处理、生物合成、结构力学和流体力学等生物系统,它们可以为现代军事技术系统提供最佳的设计原理。近年来,外军对这门新兴学科越来越感兴趣,并不断开拓它在军事上的应用范围。比如,国际上围绕着飞机、舰艇设计的进一步优化,及雷达、声呐和导航、探测装置的全面改进,以及新的常规兵器的发展、新概念武器的研制等,开展了大量的仿生学研究工作。那些新的通信、侦察、观测等装备的发明,也在向生物界这个巨大的综合"博物馆"搜寻着新的设计蓝图。从哺乳动物、鸟类、昆虫到植物、微生物以及人类本身,都已成为科学家们研究和模仿的对象。模仿人的思维和动作而研制的智能军用机器人,已遍布海洋、陆地和空中,甚至还在走向太空。列宁曾说过:"人的智慧发现了自然界中许多奇异的东西,并且还将发现更多的东西,从而扩大自己对自然界的统治……"只要我们积极地向生物界学习,充分利用生物优异的结构和功能原理,向生物系统索取最佳的设计蓝图,那么军队的现代化建设就会大大加快前进的步伐。